I0759292

Revisão: Ednea Zandonadi Brambila Carletti

Capa: Gilberto da Silva Santos

Dados Internacionais de Catalogação na Publicação (CIP)

(Câmara Brasileira do Livro, SP, Brasil)

Zanon, Venturelli

Democracia Interativa: um novo sistema político e democrático para a humanidade / Venturelli Zanon. -- Castelo, ES: Ed. do Autor, 2026.

ISBN 978-65-01-96420-1

1. Ciência política 2. Democracia 3. Geopolítica 4. República 5. Política e governo   I. Título.

26-339795.0   CDD-320

Índices para catálogo sistemático:

1. Ciência política 320

Eliane de Freitas Leite – Bibliotecária – CRB 8/8415

SUMÁRIO

PREFÁCIO

Este livro propõe uma ruptura profunda com os modelos políticos tradicionais ao apresentar a Democracia Interativa como um novo horizonte civilizatório. Ao longo de dez capítulos, o autor constrói uma crítica contundente à democracia representativa, aos partidos políticos e à captura do Estado por elites econômicas, ao mesmo tempo em que oferece uma alternativa ousada, estruturada e viável para colocar o povo no centro do poder político.

No Capítulo 1, são lançadas as bases conceituais da Democracia Interativa como instrumento de libertação dos povos, contextualizando sua origem, seus fundamentos éticos e os desafios contemporâneos, como a dominação política, a desigualdade social, a crise ambiental e o uso da inteligência artificial como mecanismo de controle. O capítulo denuncia a fragilidade da democracia atual e aponta a urgência de um novo modelo capaz de proteger a liberdade e a justiça social.

O Capítulo 2 aprofunda o debate teórico ao dialogar criticamente com os principais pensadores da democracia moderna, demonstrando os limites da república e da democracia representativa. O autor sustenta que a Democracia Interativa supera essas barreiras ao viabilizar um autogoverno popular real, contínuo e tecnologicamente possível.

No Capítulo 3, é apresentado o epicentro do novo sistema: o Poder Interativo, concebido como o quarto poder da república. São detalhadas sua estrutura, seus conselhos, assembleias e mecanismos de funcionamento, bem como o uso estratégico das tecnologias digitais para garantir participação ampla, gestão técnica, transparência e segurança democrática em todos os níveis federativos.

Os Capítulos 4, 5 e 6 revisitam, respectivamente, os Poderes Executivo, Legislativo e Judiciário, propondo sua reorganização à luz da Democracia Interativa. O objetivo é limitar a concentração de poder, reduzir privilégios, ampliar a eficiência institucional e submeter as decisões fundamentais ao controle direto e permanente do povo.

No Capítulo 7, o autor analisa a relação entre tecnologia, estrutura social e organização do Estado, defendendo que o avanço tecnológico deve servir à inclusão social, à ciência e à democracia, e não à exclusão, à manipulação ou à dominação de massas.

O Capítulo 8 trata do processo eleitoral, propondo sua profunda reformulação ou superação, uma vez que, na Democracia Interativa, a participação popular não se restringe ao voto periódico, mas se realiza de forma direta, contínua e decisória.

No Capítulo 9, apresenta-se uma proposta inovadora de Poder Legislativo sem eleições, estruturado em um Parlamento Científico, no qual o conhecimento técnico e científico assume papel central na formulação das leis, sempre submetido ao crivo soberano do povo.

Por fim, o Capítulo 10 consolida a proposta ao esboçar os fundamentos de uma Constituição da República Democrática Interativa, sistematizando os princípios, direitos, deveres e estruturas necessárias para a implementação desse novo modelo de Estado.

Esta obra não se encerra como um projeto acabado, mas como um convite ao debate, ao aperfeiçoamento coletivo e à ação democrática. Trata-se de uma proposta aberta, voltada à construção de uma sociedade mais justa, participativa, científica e verdadeiramente livre, na qual jovens, mulheres, o povo e o conhecimento ocupem, de fato, o centro do poder político.

Introdução

A Democracia Interativa marcará o fim da era da aliança do capital com o poder político. O fim da classe política profissional com seus partidos e seus tentáculos de ganância, destruição ambiental e corrupção. Eis que surgirá um novo tempo de esperança e libertação para os povos oprimidos e para o planeta que caminha para um fim catastrófico com a negação das ciências. Uma nova era de plena liberdade e da aliança dos jovens, das mulheres, das ciências e dos povos com o novo poder.

A Democracia Interativa é a proposta de um novo modelo de participação direta com alguns suportes da representatividade na estrutura política da nação. Está colocada como um dos possíveis caminhos que as nações poderão tomar frente aos desafios que cada povo enfrenta. É uma ideia pragmática a ser aprimorada, debatida e, um dia, no futuro próximo, implementada.

A humanidade parece muito cansada e decepcionada com a velha política. Tudo passa por um forte processo de evolução e revolução tecnológica. Nas últimas décadas, tudo parece mais acelerado, culminando na era da Inteligência Artificial, exceto a política.

A humanidade não poderá mais permitir o exercício do poder por pessoas usurpadoras, inferiores em talentos e mesquinhas nas ações, diante da grande capacidade coletiva de decisão de todos os povos.

As tecnologias existentes são capazes de fazer a Democracia Interativa funcionar com perfeição, em termos de capacidade e desempenho do sistema digital para este fim. A maior dificuldade deve ser o rompimento com as estruturas arcaicas do modelo político atual.

A Democracia Interativa, no modelo proposto, será um exercício da política como nunca visto e produzirá um Estado de plena liberdade democrática, participação intensa dos cidadãos nas decisões do país e forte inclusão social.

O jovem será o autor da base de defesa do sistema e aquele que evoluir na escolaridade alcançará naturalmente o auge do poder político da nação. No caso da mulher, equiparando-as aos homens e, em algumas frentes, superando-os em todas as esferas do poder político. A ciência, porque o elevado nível de escolaridade dará mais acesso às instâncias superiores para todos os mestres e doutores. E o povo, de um modo geral, deverá sair de sua zona de sofredor e de expectador político, passando a atuar como um ator central por meio de um poder soberano direto, isto é, o povo será o poder máximo da nação, de fato.

A proposta foi desenvolvida para manter o foco na transformação com justiça social, no corte de privilégios e na eficiência da máquina pública. Deverá produzir forte redução do endividamento público e, por consequência, menos juros e menos impostos sobre a produção e sobre o povo, incentivando o setor produtivo, que é a base para a expansão do empreendedorismo, do emprego, da renda e da ascensão social.

A Democracia Interativa transformará as relações sociais de inclusão e de exercício do poder. Será um caminho de contínuo e profundo avanço das instituições, do estado de direito, da imprensa livre e da defesa da vida, com uma força social jamais vista, evitando os inúmeros ataques à democracia de extremistas contrários à sua expansão e que a humanidade tem assistido em diversas partes do mundo.

A Democracia Interativa é o pilar que os iluministas sonharam e apenas sonharam, para que o uso da coisa pública tivesse equilíbrio, transparência, bom senso, todos realmente iguais perante as leis e todos realmente iguais para construir as leis.

Agora, os povos de todas as nações que desejarem romper com o arcaico sistema poderão implementar a Democracia Interativa. Toda a sua estrutura de ação será por meio digital, de forma muito facilitada e bem ao nível do entendimento do povo.

CAP I

**A DEMOCRACIA INTERATIVA COMO INSTRUMENTO DE LIBERTAÇÃO
DOS POVOS DO MUNDO**

1. A ORIGEM DA IDEIA

A proposta de Democracia Interativa busca romper com todos os modelos praticados de república e democracia existentes. É claro que são ideias que necessitarão de um grandioso trabalho de aperfeiçoamento, mas todos os avanços sonhados pelos teóricos da democracia são atendidos pelo modelo, que ainda penetra numa dinâmica de possibilidades inovadoras.

É importante ressaltar que o projeto foi concebido em 2017 sem nenhuma base teórica inicialmente. Nasceu de um exercício de observação de um grande anseio do povo brasileiro, decepcionado profundamente com as estruturas políticas, econômicas e sociais do país.

As pesquisas de opinião, os diversos debates, as principais notícias, a instabilidade política, o crescimento das dívidas públicas, as elevadas taxas de juros por décadas, reformas e mais reformas como a grande solução, entre muitas outras decisões e leis que geram grande revolta na população, compuseram os ingredientes necessários para propor um projeto em que o povo tivesse autonomia para decidir o destino da nação de forma eficaz.

O modelo de representatividade existente nas diversas nações foi muito bem construído para as elites políticas e econômicas, mas, para o povo, ultrapassou todos os limites de decência. Quando se acredita que não tem mais como piorar, ainda piora. São verdadeiros usurpadores da riqueza do país em todos os poderes da república. Então, a representatividade poderá existir como coadjuvante, porque a decisão final no novo modelo será direta e do povo.

Na medida em que o tempo foi passando, o projeto foi ganhando mais estrutura e havia necessidade de encontrar um caminho de funcionalidade e equilíbrio.

Funcionalidade, porque o modelo precisa mostrar resultados rotineiramente e com precisão, acessibilidade e segurança. Mas como criar um caminho com essas características?

Equilíbrio, porque o processo necessita de autodefesa. Precisa ser um modelo que garanta segurança aos mais desprotegidos, às minorias e aos estratos sociais mais vulneráveis. Além de ser um projeto em que a democracia possa evoluir sem permitir que as pessoas extremistas tirem proveito da liberdade para dominar o poder ou que vire um balcão de negócios, como acontece no modelo representativo.

Quando o Banco Central do Brasil implantou o sistema de pagamentos via Pix, com amplo acesso de toda a população brasileira, isso elevou a segurança de que, no campo político, a Democracia Interativa poderia facilmente funcionar, considerando que o volume de acessos, mesmo em eleições, é muito menor num sistema político do que no sistema financeiro.

O Pix é um sistema instantâneo de pagamentos e transferências financeiras que trouxe uma brutal inclusão digital, social e econômica para milhões de brasileiros. Muitos deles estavam excluídos do sistema bancário e encontraram no Pix um meio facilitador para suas transações e pequenos negócios. O sistema tem alcançado 300 milhões de transações diárias no final de 2025 (BACEN, 2025).

Ao propor uma Democracia Interativa, está se querendo dizer que o eleitor participará diretamente do poder por meio digital, utilizando aplicativos oficiais disponibilizados nos meios eletrônicos: computadores, celulares e outras novas tecnologias digitais que vierem a surgir. A primeira ideia de algumas pessoas é que isso é impossível. No entanto, basta olhar o sistema financeiro. Quando se quer, se faz!

Outro aspecto é que o mais importante na Democracia Interativa não será a eleição. A Democracia Interativa foi pensada para pôr fim à representatividade do processo político e, ao mesmo tempo, ampliar a rotatividade dos que exercem a atividade pública em todas as frentes do poder. Sendo dessa forma, todo o aparato de uma eleição que existe atualmente perderá por completo sua função. Parece contraditório para o avanço da democracia, mas, pasmem, é real!

Essa participação do eleitor na Democracia Interativa será efetiva, direta, transformadora e revolucionária. No entanto, para ela acontecer, será necessário criar instrumentos que darão as condições de efetivação do processo. E os instrumentos já foram pensados e serão criados. É só uma questão de tempo.

Serão criados em muitas nações pelo mundo, porque os povos estão sobrecarregados pela opressão, pela amargura e por um horizonte sem luz. Os povos estão esperando um novo caminho de liberdade, de decisão e de participação plena na busca por mais justiça social. Os caminhos dados pela direita e pela esquerda estão com validade vencida e mostram que a humanidade caminha para a extinção com suas práticas e propostas, se não mudar radicalmente o rumo.

Voltando àquele momento anterior, quando a ideia da Democracia Interativa surgia, era necessário repensar, além da Democracia Interativa, a estrutura da república. Caso contrário, não seria possível dar ao povo os instrumentos de ação efetiva.

Dessa forma, o leitor irá se deparar com uma proposta de república com quatro poderes, de forma a efetivar os instrumentos de ação da Democracia Interativa. Nas estruturas montadas da república com três poderes harmônicos, seria impossível esse avanço.

No entanto, depois de entender o novo funcionamento do modelo, pode-se perceber uma enormidade de oportunidades futuras de evolução. Foi como abrir as comportas do pensamento criativo. Mas, como tudo tem que ser testado e melhorado, a evolução irá acontecendo no exercício do poder.

Para que a terra e todos os seus ecossistemas tivessem voz, os povos tivessem voz, os jovens tivessem voz, as mulheres tivessem voz, as regiões mais longínquas de um país continental tivessem voz, os empobrecidos tivessem voz, os deficientes tivessem voz, as minorias tivessem voz, era necessário um grande reequilíbrio de forças e de poder.

É uma engrenagem complexa por dentro, mas que precisa chegar na ponta, aos mais simples e vulneráveis, de forma fácil, eficiente e eficaz. Não é um movimento participativo complementar, mas um movimento transformador com um autopoder ou um autogoverno popular.

Talvez o leitor pense, em um primeiro momento, que a ideia de um quarto poder seja para os políticos colocarem mais gente no governo. Mas não será este o caminho, porque o modelo buscará desmontar o velho sistema do político que manda, emprega e faz do seu jeito, para um modelo coletivo de ampla participação e transparência.

Quando se pensa em colocar o povo no governo, realmente se tem maior quantidade de gente. Mas a estratégia montada é de menos políticos profissionais, menores gastos, menos impostos e mais liberdade para o empreendedorismo. Tudo isso com mais democracia.

2. O QUE ESTÁ EM JOGO NA HUMANIDADE?

As diversas organizações sociais das quais se tem conhecimento ao longo da história humana demonstraram uma luta constante de dominação. Alguns grupos humanos ou tribos no passado, internamente, tiveram formas de exercer um poder participativo, mas, ao se depararem com outros grupos externos, tiveram que lutar e conquistar espaços e domínios. Outros povos ainda cresceram muito e tiveram a necessidade de se expandir, gerando confrontos com os demais. Isso mostra que a humanidade está sempre diante de conflitos e sempre buscando alternativas melhores.

Após a revolução industrial capitalista, a humanidade teve uma explosão em seus processos produtivos e, por consequência, a tecnologia foi avançando para todos os aspectos da forma de viver. No entanto, as nações canalizaram excessiva energia, fruto da tecnologia, para as armas, as guerras, a defesa e a destruição.

Aqueles que têm uma mente voltada para a disputa, a luta, a arma, o poder, o domínio, o egoísmo e uma ganância infinita acabam aproveitando mais as oportunidades de dominar sobre os demais, que cultivam a mansidão ou são, por natureza, mais fracos fisicamente e individualmente.

Assim, quando se olha a dimensão da evolução capitalista e tecnológica, não se percebe a evolução no poder político do mundo, com raras exceções. O poder político não deseja e nem luta por evolução dos seus arranjos em direção à maior participação e à justiça social. A grande maioria dessa classe cultiva a vontade de dominar, cultiva o luxo, a riqueza e muitas formas de vaidade e está satisfeita com o modelo, porque o modelo a atende. Por que evoluir?

Então, como é que a humanidade irá assistir à transformação e à evolução da classe política que está no poder pelo mundo? Se depender deles, jamais! Como teremos no poder das nações pessoas de virtude, se lá o ambiente é o da guerra suja? Fica muito difícil ou quase impossível.

As pequenas mudanças que acontecem ao longo dos tempos são porque os grupos em luta se dividem. Divididos, eles precisam fazer concessões para sair vitoriosos e, assim, buscarem se alongar no poder.

Em muitos casos, o povo cansa e vai para as ruas em busca de transformação. Algumas vezes acontecem alguns avanços. Em outras, o povo é tratado com muita truculência. Mas eles, os políticos, se reorganizam em pouco tempo e sempre mantêm suas vantagens.

Diante dessa realidade, quanto mais a idade vai passando, as pessoas vão se acomodando por perderem a crença na mudança. São poucos os que mantêm um perfil de busca constante, de alegria e de esperança.

Por isso, os jovens são os grandes protagonistas das reivindicações. Eles estão começando a sonhar e a lutar pelos seus ideais. Com o passar dos anos, eles irão entender as dificuldades das conquistas democráticas e o quanto é difícil ampliar essas conquistas.

A democracia é como uma flor do jardim, muito linda e muito frágil, e vai ficando ainda mais frágil quando os espaços dos pensadores diminuem. Os extremistas não gostam do pensamento crítico dos que buscam a democracia. Eles detestam os modelos de educação que buscam formar pensadores. Eles gostam de pessoas submissas, obedientes, que fazem conforme a ordem, sem responder e sem questionar. Eles gostam da produção do trabalhador e não da pessoa humana que produz. Eles gostam do dinheiro das pessoas que compram e não das pessoas.

As redes sociais têm sido fundamentais para a exclusão dos pensadores, por tomarem todo o tempo de forma sem limite. Você vai rolando a tela que nunca acaba e o tempo vai passando. Quanto mais pessoas vão rolando a tela, menos pensam em questionar ou criar novos pensamentos críticos. Quanto mais pessoas vão rolando a tela, maior é o domínio sobre uma grande massa de manobra que sustenta uma grande rede rentável para poucos.

Para desenvolver novas ideias, a pessoa precisa, em grande parte do tempo, ouvir e debater, mas também necessita de reflexão, meditação, solidão, leitura, silêncio e muita busca e determinação. Você pode questionar que existem pessoas que conseguem ter ideias mesmo com tudo acontecendo ao redor, com barulho, com as redes sociais e tudo mais. Pode acontecer, mas essas pessoas têm ideias limitadas. Em outra situação, essa mesma pessoa iria muito além.

Mas você deve estar se perguntando: por que toda essa colocação se o que eu quero saber é sobre a Democracia Interativa?

É só ter um pouco de paciência. Há 300 anos, Montesquieu propôs três poderes para que a república funcionasse com equilíbrio. Neste longo período, muitos tentaram encontrar um novo caminho que abrisse as portas e as comportas do pensamento para uma ampla ação da democracia, mas não foi possível. Talvez agora a humanidade terá um novo caminho que multiplicará e diversificará as opções de se vivenciar contínua e progressivamente a democracia.

A Democracia Interativa é uma proposta ousada demais para ser verdade. Ela não acontecerá facilmente e nem terminará depois de sua implantação. Ela será um caminho que exigirá muito dos pensadores e de uma sociedade democrática que busque formar mais pensadores. Isso porque ela é de implantação contínua e a sua vivência despertará muitas novas ideias de aprimoramento.

As sociedades na Democracia Interativa terão muito a ganhar pela expansão da participação popular, daqueles que sonham e daqueles que detêm a ciência. Será um processo de preenchimento das pessoas e de suas vidas, incalculável. Um progresso que a medição da renda e outros indicadores econômicos não conseguirão expressar, porque é um crescimento na essência da pessoa humana.

A busca pela descentralização dos poderes da república é algo engenhoso e que exigirá muita energia social. Será um longo caminho de idas e vindas, e seus instrumentos precisam refletir essa dinâmica. Esses movimentos precisam estar inseridos, sem jamais canalizar para a centralização do poder em uma pessoa. Mesmo quando um pequeno grupo precisar de poder, ele necessita ser rotativo, e a Assembleia do Povo sempre poderá destituí-lo. As pessoas podem ter o poder, mas, para o bem de todos, não devem permanecer no poder.

Quando o modo de produção capitalista avançou pela Inglaterra, as corporações se fecharam e buscaram formas de se proteger, chegando ao ponto de destruir as máquinas. Mas as forças capitalistas buscaram novos lugares nas periferias e nas zonas rurais e trouxeram outras formas de oportunidade para as pessoas que estavam fora das corporações.

No campo social e político não será diferente. As corporações de hoje que estão no poder buscarão se defender e combater as novas ideias, como se fossem ideias loucas. Mas é assim mesmo! Às vezes, o novo parece meio louco e, realmente, o novo contém um pouco de loucura. Mas é uma loucura para o bem e para a justiça social.

É preciso entender que a classe política sem virtude continuará existindo e buscando dominar. Mas as pessoas de virtude terão instrumentos para se defender e para atacar, de forma a implementar as mudanças necessárias e justas. O filósofo grego Sócrates já falava sobre a importância da virtude para exercer o poder.

A Democracia Interativa não será uma mudança de guerra e implantada num instante. Não funcionará assim. Ela será um processo dialético que buscará sempre melhorar, ajustar, aprender, ensinar, trocar experiências, reavaliar decisões, aprender a selecionar pessoas públicas e cobrar delas.

A Democracia Interativa deverá sempre ser o exemplo de democracia e liberdade da pessoa humana, inclusive das minorias que compõem os estratos sociais. Nunca se deve usar a maioria para esmagar uma minoria sem defesa, como o extermínio de grupos étnicos e sociais.

Sempre, os seus apoiadores devem defender os valores democráticos e os direitos humanos em qualquer lugar do mundo. Nunca defender, por nenhum motivo, a ditadura de alguém ou de algum partido. Lá não existe a proteção dos contrários e dos direitos humanos. A liberdade, a justiça social e a virtude são grandes pilares da Democracia Interativa.

É comum, quando o político se expressa, as pessoas dizerem que é mais uma mentira. Quando eles vêm pedir o voto, fazem promessas falsas. Depois de eleitos, desaparecem. O filósofo fala em virtude, seria a mentira uma virtude? Veja, isso demonstra que o modelo político em que o mundo vive e sustenta não é o que o filósofo sonhava. Porque a mentira é a marca do político que se conhece e, atualmente, isso se transformou numa ferramenta de lavagem cerebral nas redes sociais. O mundo caminha para o contrário da virtude. Entendem a diferença?

Então, a Democracia Interativa tem como fundamentos a liberdade, a justiça social e a virtude. Essa virtude pode ser expressa como valores humanos de honestidade, desprendimento, respeito, solidariedade e capacidade de não se deixar corromper pelo poder e pela corrupção.

Quando uma sociedade tiver a oportunidade, deverá criar a Democracia Interativa e iniciar a sua implementação. Na medida em que for colhendo os resultados e eliminando as causas mais graves de exploração e dominação, principalmente o corte de privilégios, a redução da dívida pública e, por consequência, a redução dos juros e a diminuição dos impostos na área produtiva, o povo reagirá de forma muito positiva, por começar a entender a dominação econômica e social em que estava e não percebia.

3. A PERDA DO CONTROLE DEMOCRÁTICO SOBRE A INTELIGÊNCIA ARTIFICIAL E SOBRE O MEIO AMBIENTE

A evolução da humanidade acontece de forma acelerada com a inteligência humana. Mas quando se olha para a introdução da IA e as diversas possibilidades que tal tecnologia gera, fica difícil imaginar que os humanos manterão um controle pleno sobre ela.

Se nos tempos atuais a legislação corre sempre atrás para enfrentar os novos desafios, pode-se prever que isso tende a se agravar com o uso da IA por setores da sociedade que buscam somente interesses escusos.

Aqueles que detêm o poder financeiro e tecnológico estarão sempre na vanguarda, rompendo com a era do capitalismo onde existia uma grande ascensão social, principalmente nos EUA dos séculos XIX e XX.

Com as novas técnicas de controle e os novos algoritmos, o poder político do mundo mais democrático tende a sucumbir. Dentro dos modelos que se conhece da prática democrática, o mundo caminha para o caos, se não ocorrer uma transformação na forma de exercer a democracia. E isso não é uma busca para o futuro longínquo. Precisa ser o mais rápido possível.

Aqueles que entendem a democracia como um grandioso valor precisam abraçar essa causa imediatamente e incentivar as novas gerações a implementar práticas que construam uma sociedade alicerçada numa democracia que se aprofunda, que avança e que combate a ação dos diversos inimigos que se apresentam a cada instante.

Atualmente, não se vê esse caminho. Pelo contrário, assiste-se à regressão das práticas democráticas e caminha-se para uma ampla destruição dos valores humanos, da ciência e do meio ambiente.

O jornalismo é, a cada dia, menos livre. A manipulação dos dados para auferir a evolução da sociedade, da economia, da educação, da saúde, do meio ambiente e outros está posta de lado em muitas nações. A ciência, mesmo a mais lógica, está sendo negada. Caminhos estranhos se apresentam diante dos olhos da nova sociedade.

Não haverá nos próximos anos bons exemplos de democracia, pois o poder de manipulação se acelera diante do fracasso na formação da consciência crítica a partir da ciência e de dados confiáveis. As novas gerações são formadas muito mais pelos algoritmos dos aplicativos do que pelos valores em que antes se acreditava. É uma sociedade muito mais conectada, porém com menos diálogo.

Não é fácil um pai interromper o filho no celular para uma conversa a dois. A cada dia, os filhos estão indo embora para um mundo desconhecido diante de seus familiares. E isso acontece também com os adultos, que começam se distraindo com as redes sociais e, em pouco tempo, já não têm tempo para os afazeres e o diálogo como antes.

Todos vão sendo controlados e manipulados gradativamente e, de repente, tornam-se massa de manobra, desacreditando da ciência. Diante de um mundo sem utopia, a geração que um dia sonhou precisa despertar-se, ao menos pelos filhos e netos, diante do caos que se avizinha.

Apesar da aparência dada pelo fato de mais países terem adotado a democracia no último século, isso não tem nenhum significado de aprofundamento de participação, liberdade de expressão, eleições com resultados mais qualificados e desejo das pessoas de virtude de assumir o poder. Pelo contrário, as pessoas de maior virtude passaram a temer a política, porque o sistema político está contaminado e dominado pelas forças destrutivas.

As estruturas e instituições do Estado estão sendo tomadas pelos poderes do submundo. Parte delas demonstra que as facções é que controlam o poder, onde já não se sabe quem é do Estado ou da facção, numa clara demonstração da falência do sistema representativo.

Além da questão tecnológica, a humanidade tem pela frente a mudança climática, que já faz parte dos novos tempos. Tempos de furacões, tempestades, enchentes e catástrofes que estão por toda a Terra de forma muito mais avassaladora. Quem poderá tomar as decisões com foco na ciência para que a humanidade garanta sua própria existência? A humanidade irá permitir que esses grupos extremistas destruam o planeta?

Tudo que está escrito nessas páginas tem o objetivo de levar a humanidade para dias melhores. Todo pensamento aqui colocado busca melhorar a vida da ampla maioria das pessoas em todas as nações ou lugares onde desejarem. Aqui serão apresentadas algumas ideias, mas cada grupo, comunidade ou nação irá ajustá-las e ampliá-las, conforme sua cultura, sua moral e seus valores. Aqueles que somente pensam em si não cabem nesse objetivo. Aqueles que buscam o poder centralizado e autoritário não cabem nesse modelo, se não buscarem um entendimento maior da democracia.

4. ALÉM DE PARTIDOS POLÍTICOS

A Democracia Interativa é uma proposta para que a sociedade possa avançar na prática democrática sem medo de romper com as estruturas privilegiadas que existem atualmente. Essas estruturas privilegiadas acontecem praticamente em todos os países do mundo. O que muda de um para outro é a diferença de intensidade desses privilégios e a força das instituições democráticas.

Pode-se pensar que, ao destruir estruturas privilegiadas, logo nascerão outras em seu lugar. Na história humana tem sido assim mesmo. Até Karl Marx sugeriu que, para romper com a estrutura do capitalismo, deveria ser implantada a ditadura do proletariado. Pobre Marx, tão inteligente e pouco sábio. Ele acreditou que a mente do proletariado que assumiria o poder seria sempre generosa e desprendida do poder, do luxo e do dinheiro. Ele acreditou na ditadura e a justificou.

Jamais a ditadura será o caminho mais seguro, mais dinâmico, mais justo, mais humano. Jamais veremos a ditadura ser mais livre. Jamais! Pense nisso! A ditadura é o controle das mentes, seja ela de direita ou de esquerda, de uma família ou de uma organização. Quem se opuser ao poder central será de alguma forma excluído e, se não bastar a exclusão, será destruído e morto. E, se ele escapar, morre seu filho, sua mãe, sua esposa, seu irmão e assim sucessivamente.

O poder central, no olhar dos que dominam, é sempre "bom e justo". Sempre age com boas intenções. Aqueles que são contra, segundo os líderes, merecem a morte, pois trabalham contra o projeto da nação. Assim eles pensam e agem. No entanto, o que a nação gera de riqueza é desviado para o próprio enriquecimento dos que estão no poder.

Marx (2013) acreditou que a transição para o socialismo seria através de uma ditadura do proletariado. A ditadura só é transição para o mal. Nenhum ditador quer transitar para a democracia. A democracia é uma conquista. Marx construiu sua teoria de forma magnífica, buscando compreender as engrenagens da exploração capitalista, mas falhou profundamente quando acreditou que o governo seria parceiro numa ditadura.

Governo não é bom parceiro nem na democracia que já existe hoje! Porque, na democracia que existe hoje, o governo manda, manipula, suga dos empreendedores, nega serviços de qualidade e não busca transformar a vida dos empobrecidos. Quando o governo faz algumas coisas, são migalhas dadas visando à reeleição. Existem poucas exceções no mundo quanto a isso, e as sociedades que avançaram ainda correm riscos de regressão.

O que Marx imaginou e filosofou sobre a exploração capitalista, mostrando seus métodos de dominação, a humanidade empobrecida também sofre do mesmo mal pela exploração governamental e pela ação de grande parte dos políticos. E, na exploração governamental, os políticos têm plena consciência do que fazem, do que manipulam e do que desviam, sendo muito diferente da exploração nata dos empreendedores, que na maioria das vezes não carregam o conhecimento da exploração capitalista.

Somente o avanço constante da democracia poderá fazer a humanidade caminhar para dias melhores de maior liberdade e justiça social, podendo ela enfrentar qualquer tipo de exploração porque terá instrumentos tanto de defesa quanto educativos. Porque, se em 500 anos de Brasil temos a maioria pobre e com baixo nível educacional, existe um grande esquema entre capital e governo que precisa ser rompido. E será rompido!

O mesmo vale para as ditaduras comunistas do leste europeu, que chegaram ao fim depois de quase um século sem deixar nenhuma saudade a milhões de pessoas oprimidas, massacradas, sem nenhuma liberdade de expressarem sua fé, de ir e vir aonde quisessem e de falar o que desejassem, provando empiricamente que aquele modelo favorecia somente a um pequeno grupo de ditadores.

As conquistas da Democracia Interativa devem ser alcançadas pela vontade da maioria de construir uma sociedade de oportunidades de negócios e de plena liberdade, com o máximo de transparência. As resistências virão do medo daqueles que usam o Estado em seu próprio benefício.

Os marxistas acreditaram na truculência e na força bruta para impor seu modelo, seguindo seu mestre. A extrema direita tem agido da mesma forma em todo o mundo de hoje, buscando aniquilar os opositores e concentrar ainda mais a renda e o poder. Usam o dinheiro, a força bruta e a mentira como armas de guerra. Mas na Democracia Interativa não deve ser assim. Deve prevalecer a vontade do povo em sua ampla maioria. Tudo precisa ser debatido e a ciência deve prevalecer, e não a força bruta ou a mentira. A liberdade só prospera em ambientes democráticos, onde a terra é fértil para o seu desenvolvimento.

Então, para sustentar a liberdade dentro dos limites da lei — lei que nasce para preservar a liberdade —, somente a democracia é o caminho. Pela experiência da humanidade, pode-se perceber que essa democracia dos últimos tempos tem sofrido constantes ataques. Gradativamente, aqueles que detêm o poder e o capital vão moldando as estruturas dentro dos seus projetos de mais poder e mais riqueza e, com isso, estão aniquilando o pouco de democracia que ainda existe.

Na mente humana, de um modo geral, prevalece o egoísmo, a ganância, a busca desenfreada por mais poder e por mais riqueza. Sempre o

EU e os MEUS. Por isso, a democracia deve ser o sistema onde o jogo de forças gere o equilíbrio para que todos possam se sentir ativos, participantes, recebendo e permitindo o crescimento de todos.

A Democracia Interativa, então, precisa ser um modelo dinâmico e sempre com a possibilidade de evolução. Todo o direito fixo estabelecido pelas elites poderá ser reconstruído, se isso trouxer evolução para a grande maioria. Todo o direito adquirido pelos conchavos, pelo 'jeitinho', para sempre favorecer os que dominam em detrimento da justiça social, precisa e deve ser revisto num amplo debate democrático.

Os três poderes da república viraram balcões de negociação visando o próprio interesse e não há ninguém que possa corrigi-los hoje, no mundo. Isso acontece em diversas nações ou talvez em quase todas. E essa relação de poder está matando a esperança daqueles que têm virtude.

Somente um poder incontestável poderá gerar esperança e trazer de volta a virtude, expressa na filosofia grega, para o poder político. E você, que acredita ou espera ser um agente dessa mudança, precisa compreender e levar a Democracia Interativa como um bastião da transformação.

Nos processos de decisões da Democracia Interativa, é importante pensar sempre na grande maioria, isto é, um mínimo de 60% de apoio, para que o modelo não cause a divisão da sociedade em duas partes sem a consolidação de uma ideia. As mudanças precisam acontecer com firmeza, assim como nos casos de existir uma nova proposta para substituir a anterior. Qualquer armadilha de manipulação precisa ser combatida.

A Democracia Interativa deve abolir os conceitos de direita e de esquerda, já arcaicos, e praticar o conceito de justiça social, sempre apoiada na grande maioria. O conceito de direita e de esquerda se tornou ferramenta de partidos políticos que sempre preservam seus privilégios. Logo, não cabe no novo modelo, cuja busca é desmontar os privilégios dentro dos limites estabelecidos pela ampla maioria.

Da mesma forma, a evolução da Democracia Interativa deverá abolir os partidos políticos, buscando um amplo apoio a ideias e legislações que unam a sociedade em torno de propostas e projetos. Partidos cabem em sociedades vazias e manipuláveis. Numa sociedade de elevada participação com propostas abundantes, os partidos se tornam coisas mesquinhas e não contribuem para o avanço civilizado da humanidade.

A prática existencial dos partidos políticos demonstrou que, em dois séculos de existência da república moderna no mundo, eles falharam, desviaram, roubaram, mataram em causas que poderiam evitar; seus membros acumularam muita riqueza e poder. Mas agora a humanidade está muito triste e cansada dessa classe dos que se acham superiores e vai trabalhar para o seu fim, gradativamente, com todas as suas forças.

A humanidade irá precisar de pessoas com talento político, de políticos virtuosos que saibam trabalhar sem holofotes e com desprendimento do poder e da riqueza. Será que os encontrará? Se tais pessoas perceberem um ambiente sadio, elas aparecerão e a vontade soberana do povo as protegerá.

A vontade soberana do povo precisará agir e proteger os justos, porque os tribunais de hoje trabalham muito mais para si. Aqueles que deveriam ser o exemplo de virtude e de justiça querem sempre mais, acumular privilégios e elevados subsídios ou rendimentos. Os poderes das repúblicas pelo mundo estão corrompidos e, por isso, a fome e a miséria atingem bilhões de pessoas.

Não existe aqui a ideia de um grupo que faça uma revolução e implante um novo modelo, onde este mesmo grupo governe. Se isso ocorrer, novamente se perpetuarão os privilégios. Pois todo grupo minoritário que tomar o poder para si será o novo grupo privilegiado. Um grupo privilegiado, para se manter no poder, ampliará seus tentáculos na busca do controle dos demais que a ele interessam.

As estruturas sociais e econômicas que são vistas nas diversas nações possuem classes ou grupos muito privilegiados. Acontece que, por mais que se tente controlar os indivíduos, em algum momento a insatisfação se rompe. Mas a busca deve ser por um modelo que atenda a sociedade de forma ampla e não criando um novo grupo privilegiado.

Sendo assim, nenhuma revolução de direita ou de esquerda, nenhuma ditadura de direita ou de esquerda cabe nesse novo modelo de Democracia Interativa. Esse modelo deve existir para aqueles que entendem o que é uma república e que saibam como exercer o poder com ideal e desprendimento. Eu posso crescer, você pode crescer e nós todos poderemos crescer juntos se distribuirmos as responsabilidades com todos e os recursos com todos.

Construir uma nova ferramenta parece impossível. Só parece impossível, mas isso não é uma verdade. Em tempos anteriores, era um pouco mais difícil porque a humanidade não contava com a tecnologia existente hoje. Ocorre que as tecnologias novas exigem novos modelos, e esses modelos necessitam de segurança. Se elas forem utilizadas sem freios e nas mãos dos privilegiados, entraremos num campo sem retorno ou até mesmo de uma IA sem retorno.

A sociedade atual necessita, com urgência, tomar o controle da evolução, da acumulação do capital, das tecnologias e do meio ambiente.

A democracia necessita avançar ou as tiranias a destruirão para sempre em todo o planeta. O pouco que ainda resta de democracia está encurralado, manipulado, dominado, cerceado, e a liberdade está sendo cada dia mais vigiada.

Para muitos que desfrutam ainda de um pouco de liberdade e podem se expressar, criticar, professar sua crença religiosa, ir e vir e viver num Estado Democrático de Direito, devem-se lembrar de que o caminho da tirania poderá ser sem volta.

Os democratas do mundo devem valorizar essa conquista e promover o seu avanço. Devem se unir para garantir em todas as nações que a desejarem o princípio primeiro: DEMOCRACIA PLENA. Quem decide é a maioria ampla do povo de cada nação.

É fundamental o combate a todo tipo de opressão, de escravidão, de manipulação. Toda tirania deve ser rejeitada, seja ela de esquerda, de direita ou resultante de qualquer justificativa, seja ela religiosa, social ou econômica. Nada deve justificar a ausência de democracia, porque o seu fim resulta em mais opressão.

A Democracia Interativa deve sempre trilhar o caminho da libertação dos povos por meio das ideias, dos debates, das avaliações científicas e dos dados coletados de forma transparente. *Fake News* são para as pessoas que estão sendo manipuladas, e as *big tech*s são instrumentos de propagação e formação dessas massas, pois assim o domínio do capital e da tecnologia se torna pleno.

É preciso e urgente reverter esse caminho. A lógica é o crescimento do conhecimento científico e não de *fake news*, da pesquisa e não de suposições, dos valores humanos que buscam preservar a vida, o respeito e a harmonia entre pessoas, grupos e nações.

Se, de um lado, a humanidade vive uma revolução tecnológica avançadíssima, de outro, os sistemas políticos e governamentais se tornaram arcaicos sob o ponto de vista da democracia.

Se a expansão tecnológica e científica permitiu à humanidade se expandir aceleradamente, a forma como isso ocorreu escancara uma brutal desigualdade social e econômica, além de outras.

O crescimento populacional mundial, que pode ser visto, de um ângulo, como extraordinário e maravilhoso, de outro, gera desafios quanto à capacidade do planeta de suportar essa carga, resultante da produção e do consumo de bens e serviços.

Diante desses graves desafios, existe ainda uma miopia de grande parte das pessoas e governos em entender os alertas da ciência. Entender e responder com atitudes que contribuam para a preservação da vida e do meio ambiente e não o contrário.

Se o mundo continuar com os modelos governamentais existentes, ocorrerá, ainda mais do que já se conhece, uma fortíssima exclusão social, intelectual, organizacional, política e econômica, entre outras.

Ao mesmo tempo em que as pessoas ficam a observar os avanços tecnológicos, elas se deparam com maior exclusão, maior controle sobre suas vidas pessoais e menos liberdade não vigiada.

Se ainda temos um pouco de democracia, pode-se afirmar que ela está se definhando. Se não ocorrer uma reversão do processo, o avanço tecnológico será usado para pôr fim ao pouco que ainda resta de liberdade.

A reflexão é urgente, e todos os que desejam mais democracia precisam se unir na construção de um novo projeto. Por isso, a decisão de escrever e externar algumas ideias que podem evoluir rumo a uma grandiosa força universal pela democracia, fazendo com que a evolução tecnológica seja um de seus instrumentos favoráveis, tendo em vista que o de destruição já está posto, isto é, para as tiranias, toda a comunicação já é controlada.

É claro que inúmeras estruturas derivadas das ideias aqui apresentadas poderão surgir, partindo de um princípio maior que é o da democracia, mas o importante é assistir ao crescimento local e mundial da democracia.

As nações se ajustarão a um modelo de democracia que não necessariamente será igual ao de outra nação ou ao apresentado neste projeto, mas a essência é possível de ser preservada. Quanto mais democracia, maior será o avanço e a liberdade dos povos.

5. O USO DA INTELIGÊNCIA ARTIFICIAL COMO INSTRUMENTO DE DOMINAÇÃO PLENA

A aplicação da inteligência artificial excluirá a necessidade vital do ser humano, reduzindo a importância dos que estiverem à margem, gradativamente, até a sua eliminação. A produção virá pelas máquinas. E para que servirá o excesso de pessoas humanas?

Muitos dos detentores do grande capital trabalharão para sua exclusão, conforme suas próprias convicções. Exclusão em todos os aspectos e sentidos da palavra. Trabalharão até para a eliminação dos excessos de seres humanos que incomodarem a vida dos privilegiados no planeta Terra. Isso já ocorre atualmente de forma discreta e em escala menor. Observem que o mundo desenvolvido não dá a devida atenção aos genocídios e às guerras nos países da África e nos demais países pobres e empobrecidos.

Na visão dos privilegiados, somente um pequeno grupo selecionado habitará a Terra, o espaço ou até mesmo o cosmo para perpetuar a inteligência maior do homem no planeta. Dessa maneira, o reequilíbrio da Terra ficará restaurado. Destarte, a natureza cumprirá seu papel de regenerar a vida na Terra, reduzindo os níveis de poluição, de gases de efeito estufa, promovendo a expansão florestal, a despoluição das águas e do ar.

As ideias nazistas e fascistas retornarão com força ainda maior. O que Hitler e os seus pensavam para os arianos, os rentistas estão construindo para os que poderão arcar economicamente. A base de acumulação do capital, que foi a escravidão do homem pelo homem, sem nenhum escrúpulo, e posteriormente pelo trabalho assalariado, passará para o domínio da robótica, tecnológica e economicamente.

Uma vez dominada toda a cadeia produtiva com o uso da IA, nada mais restará aos empobrecidos. Os avanços conquistados pela massa de assalariados serão gradativamente extintos em todo o mundo. A própria concorrência internacional arcará com esta tarefa. As tribos dos novos nativos serão exterminadas, pois não mais terão utilidade e ainda estarão poluindo o novo modelo.

A humanidade já está inserida nesse novo caminho. Observem que o tempo da regressão já está sendo imposto. O apocalipse já chegou para centenas de milhões de pessoas que nem ainda foram incluídas e que jamais serão. Da mesma forma, o apocalipse chegará a outras centenas de milhões. Por um lado, a exclusão num sistema progressivo e, por outro lado, a criação de novas vagas de emprego sendo reduzidas e outras sendo extintas. São duas frentes de ataque que produzem excesso de informalidade e destroem os sonhos de cada ser. A cada dia, o sistema precisará de menos humanos, proporcionalmente, na engrenagem da produção de riquezas e conhecimentos.

Ocorre que a evolução tecnológica experimentada no século XXI permite uma mudança revolucionária nas formas de vida, de trabalho, de produção, de lazer, de relacionamento e de se fazer política diferente desta lógica de exclusão. É possível para todos um outro modelo. Se a humanidade, com seus bilhões de seres humanos, em diversas nações, não assumir uma nova e conscientizadora postura, o caminho da exclusão já está dado e sem retorno.

Não é possível que, de um lado, ocorra tanta evolução e, de outro, pareça que a humanidade está regredindo no tempo. O pior é que está. A semente da evolução precisa ser experimentada e amadurecida em todos os campos da vida e do conhecimento. Isso, porém, deve ocorrer para todos os humanos num processo forte de inclusão social e não o contrário.

Não se pode aceitar desculpas para regredir em função de dívidas públicas ou de governos ineficientes. A nação deve existir para seu povo. Deve estar a seu serviço. Se problemas surgirem, todos devem assumir suas responsabilidades, conforme sua capacidade. Não deve haver prioridade maior do que a justiça social em sentido pleno.

De modo geral, as diversas nações construíram seus governos e seus grupos de privilegiados. Existe muita dificuldade em combater esses privilégios devido às forças corporativas e seu poder sobre os representantes legais do povo. Da mesma forma, esses representantes se agrupam nessas corporações e constroem leis que visam garantir e perpetuar os privilégios. Mesmo fazendo tudo de forma legal, o que é uma meia verdade, essa legalidade leva a dois mundos distintos em termos econômicos. O resultado final é a concentração excessiva de renda, de poder e de privilégios para uma minoria e, do outro lado, o empobrecimento de uma multidão de seres humanos.

Isso mostra que o sistema de representatividade nos moldes atuais fracassou. Da mesma forma que as monarquias construíram privilégios para os nobres e para o clero, as repúblicas caminharam na mesma direção.

Alguns países com mais democracia, outros com menos e outros ainda com tiranos: o que se vê, com raras exceções, é o fracasso na distribuição de renda e de oportunidades; é a construção de castas de privilegiados; é uma malha de corrupção em todos os níveis de administração; é uma grande burocracia impondo dificuldades aos empreendedores e trabalhadores; é uma legislação que engessa o sistema produtivo para facilitar a corrupção e dificultar aos excluídos o acesso à justiça. Constroem-se tribunais demais e justiça de menos. A eficiência e a eficácia estão longe dos poderes da república. E esses poderes da república precisam ser sacudidos pelos vendavais dos novos tempos. E serão!

É comum, ao ouvir os noticiários e as propostas dos diversos grupos no poder, a ideia de um Estado enxuto e incentivando a privatização de tudo quanto possível, propondo ampliação para doze horas de trabalho diário e seis dias trabalhados por semana. Acontece que tais grupos o fazem buscando reduzir o Estado e sua mão social como agente redistribuidor. Querem um Estado enxuto para pagarem menos impostos, menos salários, menos direitos sociais. Assim, fica muito fácil ampliar a acumulação do capital. Eles passam a controlar todas as empresas lucrativas do Estado, privatizam a saúde e a educação, garantindo a reprodução do conhecimento aos de maior renda e perpetuam a massa pobre. Defendem a ampla abertura do país e não se interessam pela industrialização nacional.

Outros grupos defendem um Estado mais social, mas sempre querem mais tributos, sobrecarregando a máquina pública e engessando a capacidade empreendedora. Acabam por construir um Estado ineficiente e de difícil capacidade de empreender.

O discurso social visa garantir a mão do Estado redistribuidor de renda, lutando para manter os reajustes dos salários, manter educação e saúde como instrumentos públicos, empresas estatais como alavanca do desenvolvimento e maior protecionismo na economia.

Acontece que os tributos acabam recaindo mais sobre os mais vulneráveis e não combatem os privilegiados da máquina pública. Por outro lado, são incapazes de solucionar a questão do endividamento público por serem reféns do sistema financeiro e da oposição do parlamento. Como todos desejam a eleição ou a reeleição, não há alternativa senão fazer os grandes acordos dos bastidores, onde todos do poder saem em vantagem. Do outro lado, o resultado é um Estado estacionário no longo prazo.

Os mais radicais à esquerda continuam na busca de uma oportunidade para avançar em direção ao partido único, apoiam os ditadores e mantêm o mesmo discurso de 150 anos atrás, sem perceber a evolução e sem propor nada de novo, tornando suas propostas vazias e sem aceitação popular. Como os demais políticos, sonham em viver e se enriquecer da máquina pública e, por não se renovarem no discurso e nas propostas, contribuem para reforçar os extremistas da direita.

A luta desses dois blocos, de direita e esquerda, nos poderes da república dá margem a uma imensa manobra dos partidos políticos e aos seus derivados, tipo algumas religiões ligadas ao poder de determinados grupos políticos, setores econômicos que pressionam por seus interesses, crime organizado que ocupa as diversas esferas do poder e muitos outros que fazem seus *lobbies*.

O resultado desses grupos políticos no longo prazo é a perpetuação no poder, formando uma classe de superprivilegiados e aperfeiçoando os instrumentos dessa manutenção eterna para eles e seus descendentes.

E, a isso, nós ainda chamamos de democracia. Mas a democracia mesmo está distante. O povo se sente incapaz e muitos se contentam com pequenos benefícios por acharem que não tem jeito e por não encontrarem uma alternativa de ruptura, a menos que, em algum momento, um movimento aconteça e uma nova esperança de dias melhores possa surgir. Mas os movimentos em busca de participação e ampliação dos instrumentos democráticos têm sido muito limitados.

6. FALTA UM ESCUDO PROTETOR À DEMOCRACIA

No Brasil, além dos riscos apontados, que levaram o país a uma grandiosa vulnerabilidade, o crime organizado tem se infiltrado nas diversas instâncias do poder político e econômico. Esse movimento é preocupante e aumenta demasiadamente a insegurança. Isso demonstra o quanto as infiltrações podem danificar o sistema e torná-lo ainda mais 'podre' e vulnerável, principalmente quando o representante eleito detém um grandioso poder no cargo.

Uma das propostas da Democracia Interativa é combater isso, dissolvendo o poder representativo e ampliando o poder direto do povo como força coletiva. É preciso fortalecer a democracia diante dos inimigos.

No início do projeto, em 2017, a preocupação era fortalecer a democracia para melhorar a eficiência dos governos. Depois, com as mudanças políticas mais radicais em diversos países do mundo, o plano necessitou ser aprofundado ainda mais, pois os ataques aumentaram, as formas desses ataques tornaram-se mais sofisticadas e a vulnerabilidade democrática se ampliou.

A Democracia Interativa, além de fortalecer a defesa com instrumentos poderosos, buscará uma mudança profunda na forma de organização do Estado para lidar com a coisa pública. Por outro lado, a possibilidade de ascensão de líderes autoritários ao poder encontrará os limites de atuação bastante delineados e seus poderes, mesmo se existir a figura do presidente da república, bem limitados.

7. O ESTADO A SERVIÇO DA CONCENTRAÇÃO DE RENDA E DA EXPLORAÇÃO DO POVO: DÍVIDA PÚBLICA, JUROS E TRIBUTOS

Muitas revoluções trouxeram o discurso da igualdade e da democracia e construíram ditaduras. Seus tiranos mataram sem piedade seu próprio povo, além de interferir em outras nações. Violentaram suas liberdades e todos os seus sonhos de evolução. Mataram o que há de mais nobre para um ser humano: poder sonhar, ir e vir e expressar seus sentimentos. No entanto, esses regimes pressionaram, durante o século XX, uma evolução benéfica do capitalismo, tornando-o menos selvagem, garantindo um maior benefício aos trabalhadores e freando a velocidade na concentração de renda em muitas nações.

Com menos democracia, o capitalismo avança sem freios e concentra mais a renda. Por isso, torna-se essencial novos instrumentos de gestão do Estado para que, desta forma, a selvageria tenha limites. Atualmente, o mundo democrático perdeu a noção de limite e não existe controle sobre os três poderes da república. Esse modelo é gerador de privilégios e concentrador de renda.

Quando as nações estarão amadurecidas para assumir uma democracia mais profunda em toda sua plenitude? Será que as experiências já vividas e sofridas foram suficientes para se buscar um novo momento de evolução? Ou será que essa civilização irá regredir como aconteceu com alguns povos na história humana?

A humanidade, que já experimentou muitos tipos de atrocidades, tiranias, revoluções, guerras e escravidão, precisa evoluir para um amadurecimento nas formas de exercer o poder político e econômico. Isto é uma necessidade de sobrevivência.

Os povos de todo o mundo estão exaustos, ansiosos por mudanças, e os políticos parecem indiferentes a esta angústia popular porque buscam se proteger junto às corporações. Mas aqueles que pagam a conta e sentem o fardo da injustiça querem mudança, mesmo sem saber como ou onde irão chegar. Querem, na esperança de que algo possa melhorar. Essa luta pertence às centenas de milhões que sentem a perda, mas desconhecem a verdadeira causa de sua origem.

A forte concentração de renda do século XXI, que prevalece sobre as demais ocorridas anteriormente, não é a do empreendedor produtivo que se arrisca e quase sempre perde. Esses podem ser exaltados como heróis de uma nação. Porém, os resultados que esse empreendedorismo produzirá com os avanços tecnológicos serão rapidamente tomados pelo grande capital dos rentistas. E quem sustenta esse grande capital e garante seu crescimento são os Estados-Nação e seus governantes.

Os empreendedores e trabalhadores tecnológicos jogam para vencer numa corrida com poucas vagas. Todo o seu avanço tecnológico será absorvido pelos de maior renda e capital.

A aliança do capital financeiro dos rentistas com os Estados e suas castas colocou na sarjeta todo o sistema produtivo do planeta. Isso não quer dizer que a exploração por parte do sistema produtivo não ocorra. Ocorre. Mas o ganho final de toda exploração fica, em sua maioria, com os rentistas, tendo o Estado como membro intermediário e parceiro, garantindo a eternidade da riqueza.

Os juros das dívidas públicas nas diversas esferas formam atualmente um volume de renda que todo o sistema produtivo do planeta será incapaz de suportar. É importante que o leitor solicite um gráfico do orçamento de seu país na internet. Aqui poderiam ser colocadas muitas realidades dos diversos países quanto ao endividamento público e ao pagamento de juros que recaem sobre o orçamento da Nação, dos Estados e Municípios. Mas é melhor ao leitor acompanhar os valores anualmente, solicitando à IA o comportamento das dívidas e dos juros em seu país e em seu Estado.

Essa forma de aprender e se interessar pelo tema pode gerar inúmeras dúvidas, questionamentos e integração do leitor com o tema. As dívidas públicas e os juros são os principais fatores do empobrecimento do povo. Empobrecimento tanto local quanto mundial. As dívidas iniciam facilmente com taxas de juros baixas e propostas de adiantamento de investimentos em grandes obras, visando o crescim*ento e mar*keting político.

Depois, com o crescimento do seu peso no orçamento da nação, a dívida pública acelera rapidamente, com taxas de juros elevadas, devido ao risco de não pagamento. O resultado é que os juros não pagos são refinanciados com novas dívidas para cobrir os pagamentos não realizados. Dessa forma, o país se torna refém do mercado financeiro para sempre. E os políticos continuam a atuar como antes, sempre rolando as dívidas e ampliando os impostos, num movimento eterno.

Por que os políticos ampliam os impostos? Os políticos precisam de recursos para as obras visando a eleição ou para justificar sua permanência no poder, caso seja um ditador. Então, os recursos virão via mais empréstimos, logo mais dívidas, ou via mais impostos. Como a elite econômica é que determina quem governa, os mais ricos se livram dos impostos facilmente. Então, a maioria do povo pagará a conta com mais impostos, mais impostos, mais impostos e assim, sucessivamente.

Então, para que eu existo? Você existe para pagar impostos e sustentar os partidos políticos e as elites econômicas que dominam sobre as nações.

E se o povo fizer uma revolução e tirar os políticos? Não resolve, pois entra outro grupo político que toma o poder e constrói suas bases e seus tentáculos de exploração do povo. Esse movimento a humanidade tem assistido há séculos e o resultado está em todo o mundo. As nações sempre endividadas, os mais vulneráveis sobrecarregados por uma carga horária de trabalho excessiva, os impostos sempre aumentando e uma minoria rica, aliada aos políticos, sempre buscando mais riqueza, mais riqueza e mais riqueza.

Huberman, em "História da Riqueza do Homem", diz, citando Adam Smith em *Wealth of Nations*:

> O governo civil, na medida em que é instituído para a segurança da propriedade, é na realidade instituído para a defesa do rico contra o pobre, ou dos que têm propriedade contra os que não têm nada (HUBERMAN, 1981, p. 203).

Quando governos atuaram de forma diferente da concepção de Adam Smith, foram exceções. E essa máxima evoluiu para o sistema financeiro em detrimento do sistema produtivo. Por isso, as taxas de juros permanecem muito acima da capacidade de geração de riqueza produtiva.

A produção pode estar afundando e empresas fechando ou com alta capacidade ociosa. Isto não importa. A rentabilidade dos rentistas é uma das melhores do planeta. E isto importa! E para garantir que este contrato seja cumprido, é preciso cortar direitos dos trabalhadores, combater a estrutura de sustentabilidade social, produzir um exército de miseráveis, levar à falência milhares de empresas produtivas, aumentar tributos sobre as mercadorias e serviços e, enquanto existir uma forma de explorar um pouco mais, será explorado.

Cabe uma pergunta ao leitor: é isto uma nação soberana? O que fizeram com a representatividade do voto? Ainda é válido o modelo de eleger alguns representantes? Pode-se notar que isto não basta. O povo da nação não é bem representado, porque o modelo de representação não foi construído para representar o povo. É uma forma de enganar as pessoas simples. A elite econômica, sim, é muito bem representada. Então, é preciso se fazer algo e algo será feito.

O que Marx não percebeu ou não quis dizer é que os governantes podem explorar o seu povo ainda mais que os capitalistas produtivos. Esses últimos trabalham e enfrentam concorrências, ao menos nas fases da pequena e média empresa; já os governantes são ou estão a serviço, agora, do grande capital improdutivo, que só faz perseguir e explorar os empreendedores e os trabalhadores. O que o regime comunista fez na ex-URSS, como exemplo, foi tirar a propriedade privada de milhões de pequenos empreendedores e colocá-la nas mãos de um grupo político único, acreditando que, sem a participação popular livre, esses ditadores seriam fraternos.

De fato, a proposta de Marx resultou numa ampla concentração da propriedade nas mãos daqueles que geriam o Estado, o partido único, ao menos enquanto durou o regime. O que, de fato, significava um monopólio estatal, tanto político como econômico. Sendo que o que se pretendia era exatamente pôr fim ao monopólio econômico. Quando o modelo soviético termina, por acaso a riqueza construída ficou para o povo?

Os credores rentistas irão abocanhar a cada dia uma fatia maior da renda da nação. Logo, a parte que será repartida terá obrigatoriamente que ser menor. A fatia dos rentistas somente cresce. Cresce nos períodos de crescimento do país e cresce nos períodos de crise. Já as massas serão vigiadas e manobradas pelos sistemas eletrônicos e, se necessário, excluídas pelo próprio sistema.

Segundo Caldeira (2017, p. 566), "em 1960, a metade mais pobre da população tinha 17,4% da riqueza nacional." Se em 1960 a metade da população ficava com 17,4%, o leitor pode pensar que atualmente isso deve ter melhorado muito, pois o avanço do Brasil foi imenso e o país teve um grande crescimento da renda nacional. Mas, ao buscar o resultado do IBGE, em 2019, a metade da população brasileira mais vulnerável ficou com 15,6% dos rendimentos. (IBGE, 2020, p. 50).

Esses números históricos foram colocados somente para o leitor entender a visão geral de como a riqueza de um país caminha sempre para uma maior concentração. Esse resultado do Brasil acontece em muitos países do mundo. O sistema foi estruturado para esse fim e não há alternativa de reverter esse domínio na estrutura política atual.

A nação produtiva, ao longo dos anos, trava uma forte luta para crescer e desenvolver, mas os resultados mostram que do lado de baixo da pirâmide econômica não existe expansão proporcional e, ao contrário, os números em seis décadas mostram que sempre os mais ricos são os favorecidos. E a explicação para isso é a forte atuação do antimercado dos rentistas, que ainda é chamado de mercado.

É interessante observar os boletins do Banco Central quando se publica que o mercado espera uma taxa de juros 'X' ou uma dívida pública até 'Y'. Qual mercado? É preciso entender que o mercado dos rentistas é um antimercado. Mercado de verdade deseja sempre juros menores, demanda crescente e produção maior.

Para os rentistas, o que interessa é a garantia do pagamento dos juros, mesmo que seja preciso enterrar a produção e o consumo. Esse antimercado manipula taxas de câmbio, taxas de juros, endividamento público e, em tudo, conta com a mídia que eles também controlam. Então, o setor produtivo — trabalhadores, empreendedores, indústrias em geral, produtores rurais, consumidores — na verdade, é refém da manipulação.

Segundo Piketty (2014), o total da riqueza privada, que representava de seis a sete anos da renda nacional da Europa em 1910, caiu para entre dois e três anos em 1950. As grandes guerras ajudaram a dissipar a riqueza privada. Já em 2010, esse valor atinge entre quatro e seis anos da renda nacional. Isso significa que o mundo voltou a concentrar renda fortemente, mesmo na Europa, onde a formação intelectual é diferenciada e as taxas de juros são comportadas, além de haver uma sociedade com forte organização social. O que se pode esperar das nações do terceiro mundo?

Toda a estrutura das diversas nações do mundo possui grupos políticos privilegiados que controlam o capital e as tecnologias. Todas as nações possuem uma estrutura financeira que sustenta as dívidas públicas remuneradas. Essas remunerações das dívidas públicas realimentam o grande capital por meio de uma sociedade cujos empreendedores, trabalhadores e produtores rurais são dominados por uma estrutura tributária que centraliza os recursos financeiros.

As dívidas públicas são praticamente ilimitadas e, em torno delas, impõem-se e justificam-se os tributos. Os recursos para a ampla maioria que empreende e produz são escassos e, na maioria das sociedades, a única certeza do empreendedor é que o governo vai ganhar, ainda que o negócio dê errado. Mas os detentores da dívida pública sempre ganham e atuam com baixíssimo risco.

As remunerações das dívidas públicas em todo o mundo, com raras exceções, sangram as populações e se tornam um porto seguro para perpetuar as grandes fortunas e seu contínuo crescimento, que passam de geração em geração.

O combate ao endividamento não é de interesse dos governos porque o corte de gastos não gera votos. O partido que for firme no corte de gastos para reduzir a dívida deixará de executar obras e de manter o crescimento da máquina pública, inviabilizando a boa imagem do partido diante do povo, que deseja obras e não conhece a engrenagem do sistema opressor.

Se o partido que governa for mais ligado ao grande capital, as taxas de juros caem e favorecem um maior endividamento. Isso ocorre porque quem controla os níveis de risco tende a reduzi-los, dando uma margem maior de manobra para o governante que procura atender bem toda a classe dominante. Os rentistas ganham mais por emprestarem em maior volume, e os políticos ganham por terem margem para sugar ainda mais o orçamento por meio de emendas parlamentares e direcionamento de investimentos para seu grupo político e suas bases.

Quando o partido que governa busca uma política mais social, as agências elevam os níveis de risco e de inflação imediatamente, provocando necessidade de austeridade, porque a dívida já está muito alta. Antes, porém, eles emprestaram mais e, a partir daí, todos os dias a mídia irá cobrar uma saída para a crise da dívida e das taxas de juros.

Com as taxas de juros mais elevadas, o grande capital suga ainda mais os recursos da nação, de forma que nunca ou jamais haverá a possibilidade de os mais empobrecidos e assalariados terem um governo de fato favorável sem comprometer o futuro.

Só como exemplo, o Brasil fechou o ano de 2025 com inflação abaixo de 5%. Os juros reais, descontada a inflação, fecharam o ano acima de 10%, com taxa nominal de 15%. O país deve crescer a riqueza entre 2% e 3% em 2025. Dessa forma, os detentores das dívidas em títulos do governo retirarão do Estado brasileiro quase 11% em juros reais. Veja, isso é do ano de 2025, mas essa política está em vigor há 30 anos (BACEN, 2026).

Se os rentistas levam 10% acima da inflação, isso significa um ganho real de quase um trilhão de reais em 2025. O resultado é que cada brasileiro deverá pagar, em um ano, quase cinco mil reais de impostos somente para cobrir esse pagamento de juros de 2025. Isso, no entanto, tem acontecido com muita força nas últimas décadas.

Quando o país cresce 2% e os rentistas ganham 10% em termos reais, descontada a inflação, a geração de riqueza do povo da nação ficou 8% abaixo do crescimento da renda dos rentistas. Quem perderá esses 8% de diferença? A diferença dos rentistas está garantida; no entanto, o governo precisará retirar essa diferença de toda a sociedade. Dessa forma, o modelo está concentrando a renda nacional. Para os credores, não existe nada melhor. Agora, para os empreendedores produtivos, os trabalhadores e os consumidores em geral, essa dominação se eterniza numa vida sempre mais difícil.

É algo tão grandioso que parece mentira, mas não é! Por acaso, alguém ainda acredita que esse modelo está correto? Correto para quem? Entende como esse modelo mata? Esse mesmo modelo que faz muitos leitores até lutarem por ele, defenderem um ou outro candidato e, às vezes, sonharem que irá melhorar. Esse modelo mata a todo instante. Mata no útero da mãe que passa fome, mata de desnutrição as crianças, mata os trabalhadores com sobrecarga de trabalho, mata nos hospitais sem recursos, mata os empreendedores com os tributos excessivos e, assim, sucessivamente.

Esse sistema foi construído para sugar riquezas e empobrecer sem piedade. Lutar contra esse modelo precisa ser algo muito forte e estruturado. É uma engrenagem muito afiada para o mal. Nos próximos anos, os jovens que chegam terão que produzir e pagar em impostos essa diferença. Como terão que pagar, não haverá esperança de melhora nas condições sociais para o futuro, porque o processo de endividamento é contínuo. Então, todo o esforço e trabalho realizado pela geração passada e pela geração atual já está entregue às elites. Agora, irão buscar novas reformas para que a sangria prossiga para as próximas gerações.

Dessa forma, jamais o povo terá o domínio do poder e jamais terá governos comprometidos com as grandes causas dos mais empobrecidos. É preciso entender que, na estrutura desse sistema político e econômico, existe uma indústria de produção de empobrecidos. As pessoas não são pobres. Se você entender o sistema econômico e político, você enxergará como se extrai riquezas das pessoas e como o sistema gera os empobrecidos. Então, o sistema político é o braço do poder econômico que não produz e vive de renda do Estado sobre o povo, os empreendedores, as indústrias, os agricultores, os consumidores e todos os que pagam impostos de forma desproporcional.

Mas você pode questionar que existem pessoas preguiçosas e que não gostam de trabalhar e que, por isso, são pobres. É verdade que existem pessoas assim. Existem pessoas assim tanto entre os ricos quanto entre os empobrecidos. A diferença é que, entre os ricos, as famílias têm muito capital acumulado para os preguiçosos viverem em abundância ou para se tratarem com especialistas. Já entre os empobrecidos, o infeliz se tornará mais pobre ainda.

A preguiça (apatia, fadiga mental) é gerada por problemas genéticos, de saúde, psicológicos ou de motivação. O cérebro busca economizar energia. Para gastá-la, ele precisa de motivação (PEREIRA, 2025). Entendendo a questão da preguiça de forma científica, você entenderá ainda melhor a indústria dos empobrecidos.

Por outra parte, os governos em todos os níveis e estruturas deveriam ser exemplos de administração pública honesta. Mas, na grande maioria, existem as infiltrações de diversos grupos mafiosos que desviam recursos, elevam os custos dos produtos e serviços e sobrecarregam a qualidade e eficácia dos gastos. Governos que fazem menos com mais recursos é o normal. O anormal é a eficiência e a eficácia dos governos.

Em muitas nações, existem os parlamentares e governantes com direito à reeleição. Esse instrumento da reeleição aprofunda a ineficácia dos gastos e a qualidade dos serviços. Os políticos passam a trabalhar somente focados na reeleição, buscando perpetuá-la. Para isso, sugam os orçamentos em causa própria. O resultado é o ente público sempre endividado e necessitando de mais recursos. E onde os políticos buscarão mais recursos? Aqui entra outra estrutura que necessita ser rompida e reconstruída: os tributos.

E onde o poder político buscará novos recursos? Elevando os impostos que recaem sobre toda a população, principalmente sobre os trabalhadores e empreendedores. A alta carga tributária recai principalmente sobre os mais vulneráveis. Eles sempre pagarão proporcionalmente mais.

O movimento tributário é tão forte sobre a população que ele se tornou um grande fator inflacionário. Como exemplo, a legislação brasileira autorizou aumento de ICMS – imposto estadual – em fevereiro de 2025 sobre os combustíveis. O ICMS por litro de gasolina passou de R$ 1,37 para R$ 1,47, num período em que o petróleo estava em queda. O combustível fornecido aos postos não sofreu alteração, mas, para o consumidor, teve aumento, porque a rede de revenda dos postos teve aumento de impostos. Isso gerou mais inflação a partir de fevereiro de 2025 (COMSEFAZ, 2026).

Em janeiro de 2026, a gasolina teve novo aumento de impostos – ICMS –, subindo para R$ 1,57 por litro. A gasolina na indústria de refino de petróleo havia sofrido queda de preço por duas vezes durante o ano de 2025. Essa queda deveria ter resultado em deflação. No entanto, a inflação foi maior devido ao aumento do imposto. O mesmo acontece em diversos outros produtos que sofrem majoração tributária, sempre para mais, como consequência, maior preço. Isso é grave, mas o efeito disso é muito mais grave (COMSEFAZ, 2026).

O primeiro impacto do aumento de preço do combustível é para o consumidor, que paga mais. O segundo impacto é que as empresas que necessitam de transportes ou que executam o transporte de cargas sofrem aumento de custos e repassam aos preços. Então, a inflação gerada pelo aumento de combustível se espalha para outras mercadorias devido ao aumento de custos. O terceiro impacto é que o Banco Central aumenta a taxa de juros para conter a inflação, que, no exemplo acima, teve início apenas porque iniciou o novo ano e a lei autorizou o aumento de impostos (ICMS) dos estados federados sobre o combustível. Isso também acontece no início do ano com a mensalidade escolar, com o plano de saúde e com diversos outros serviços e tributos do próprio governo. O quarto impacto é que a dívida pública crescerá devido ao aumento das taxas de juros. O quinto impacto é que o orçamento do ano seguinte do governo federal deverá reservar uma quantia maior para os custos da dívida pública e para manter os serviços públicos de saúde, educação e outros serviços; para isso, terá de aumentar os impostos federais. O sexto impacto é que o consumidor, além de pagar mais pelo combustível, pagará mais impostos para sustentar a máquina pública. O sétimo impacto é que o consumidor terá o crédito mais caro devido ao aumento da taxa de juros. O oitavo impacto é que o aumento das taxas de juros resultará em menor investimento pelos empreendedores. Deixar o dinheiro aplicado rende mais que empreender um negócio. O nono impacto é a recessão econômica, que deixa o país estagnado ou com baixo crescimento. O décimo impacto é o aumento do desemprego e da renda para a maioria da população.

O exercício acima, de demonstração dos impactos do aumento dos impostos sobre uma mercadoria, serve para ilustrar ao leitor a insensibilidade do modelo político.

A classe política e a elite econômica continuarão no poder com todas as honrarias e em um contínuo processo de concentração de renda. Por outro lado, o mundo do empreendedor, da família da periferia, do trabalhador e de todos os jovens e crianças da metade mais vulnerável assistirá ao vivo à perda de capacidade de um crescimento social digno.

Refazendo o exercício: quando a mercadoria é mais tributada, o resultado é a elevação dos preços. A elevação de preços resulta em mais inflação. Mais inflação exige a elevação dos juros pelo banco central. Juros mais altos resultam em diversas consequências:

a) Os governos gastarão mais para rolar suas dívidas, logo necessitarão de mais recursos e, para isso, precisarão aumentar os impostos;

b) Os investidores, diante de juros mais altos, reduzem os investimentos porque a tomada de recursos exige juros maiores e os consumidores comprarão menos devido à elevação dos custos do crédito e das prestações;

c) Alguns investidores preferirão a rentabilidade mais segura do mercado financeiro ao risco do mercado produtivo e da concorrência. Dessa forma, o rentismo prevalece.

d) Prestações mais caras reduzem o consumo, alimentando uma economia de recessão com quebra de empresas e aumento do desemprego.

O Brasil é um bom exemplo mundial dessa política, em que o crescimento econômico já patina há mais de quarenta e cinco anos, sacrificando várias gerações e condenando a nação a um fracasso histórico e irrecuperável diante do que poderia ter sido feito.

Uma outra questão grave é o grau de influência do mercado financeiro nas políticas do Banco Central. Observe pelos números dos últimos trinta anos que a média de inflação do Brasil está em torno de 6%, equivalente à de diversos países. No entanto, a taxa de juros do Brasil atua entre as mais altas do planeta, alimentando uma concentração de renda inaceitável. Para piorar, estabeleceram uma meta inflacionária de 3%, irreal para o padrão brasileiro de indexação, conforme comentado sobre o aumento do imposto sobre combustível anualmente pelos estados (BACEN, 2025).

Esta nova meta de inflação aniquilará ainda mais o Brasil e gerará um período de brutal concentração de renda devido à necessidade de praticar uma taxa de juros muito superior para atingir tal meta. Assim, o ganho real do mercado financeiro será um dos melhores negócios do planeta, sem risco e sem trabalho. Do outro lado, a população está e estará sendo massacrada pela incompetência desse modelo, da elite econômica e da classe política.

A inflação de 3% ocorre somente pelos reajustes já contratados na economia brasileira. Para segurar essa inflação com base nas taxas de juros, exigirão do Brasil o fim de todos os serviços sociais, o congelamento do salário-mínimo, nova reforma da previdência, privatização da educação e da saúde. Não existem condições de mais aumentos de impostos para alimentar a concentração de renda. Então, cortarão o pouco que a população tem direito através dos serviços, com as justificativas de que é preciso fechar o orçamento.

Para uma inflação acumulada de 10,06% em 2021, o Banco Central praticou uma taxa de juros de até 13,75% ao ano. Já em 2025, elevou a taxa a 15% para uma inflação abaixo de 6% ao ano. O motivo é que a meta agora é de 3%. E se a meta estivesse mantida em 4,5%, como em 2016, teria o Brasil perdido alguma coisa? Esse jogo de gerar uma crise política e econômica e trazer a meta para um patamar irreal só tem um sentido: antecipar a transferência de riqueza para a elite econômica. Quando o país conseguiu se adequar um pouco melhor dentro da meta de 4,5%, mantê-la significava praticar taxas de juros menores, e isso reduziria a transferência de renda para os credores da dívida pública.

Qual será o ganho do país com essa política de meta de 3%? O resultado será uma destruição total da capacidade do país de atender aos mais vulneráveis nos próximos anos. Estão buscando tirar o máximo do mínimo que ainda resta aos mais vulneráveis e irão tirar, se não forem contidos.

Como o modelo político é fraco e montado para atender aos credores, influenciar a política monetária é algo tranquilo. Por isso, não adianta trocar o presidente do Banco Central. Não adianta trocar nem o presidente do Brasil. Só há um caminho: avançar profundamente em um modelo de democracia em que o poder esteja com o povo, sem representantes dando a palavra final. A nação precisa efetuar a mudança para o povo, porque o povo é o poder máximo. Caso contrário, o povo pagará a conta para enriquecer a elite econômica e política, eternamente.

O Brasil era um país jovem e exuberante. Agora é uma nação já envelhecida que perdeu o bônus demográfico e jamais poderá recuperá-lo. Grande parte dos jovens seguiu para o crime e o tráfico, muitos já morreram, outros novos ainda estão indo para o submundo. Quantas boas oportunidades o país perdeu nestas últimas décadas?

Vejam que o resultado do Brasil não é questão de um governo ou um partido. O fracasso ocorre por gerações, por partidos e governos diferentes e, ao mesmo tempo, ocorre também em diversas nações do mundo, principalmente na América Latina e África.

Mas a sangria de capital permanece, a elite econômica busca extrair sempre mais e os políticos buscam permanecer sempre mais no poder. Por outro lado, as nações estão sempre a necessitar de reformas que não irão alterar o modelo, apenas manter o processo de sangria, que significa tributar mais os mais empobrecidos para ampliar os pagamentos de juros da dívida pública.

A ênfase nesse olhar é para mostrar que as nações trabalham para uma elite econômica e política, dentro de um modelo muito excludente, mantendo sempre os privilégios e controlando sistematicamente todo o povo.

Mas isso não precisa ser assim. É possível construir, através do avanço da democracia, um modelo forte, descentralizado, com maior participação na renda, menos tributos, além de grande ascensão social que transformará toda a estrutura social.

Esse novo modelo deverá proporcionar a construção de uma sociedade organizada para enfrentar os velhos desafios que se acentuam e outros novos que surgem e que demonstram uma incapacidade de reação adequada dos modelos existentes.

Se, de um lado, a humanidade vive uma revolução tecnológica avançadíssima, de outro, os sistemas políticos e governamentais se tornaram arcaicos. Se a expansão tecnológica e científica permitiu à humanidade se expandir aceleradamente, a forma como isso ocorreu escancara uma brutal desigualdade social e econômica.

Esse crescimento populacional mundial, que pode ser visto de um ângulo como extraordinário e maravilhoso, de outro, gera desafios quanto à capacidade do planeta de suportar essa carga, além de uma miopia de uma grande maioria de pessoas e governos em entender esses desafios, respondendo com atitudes.

Se o mundo continuar nos modelos governamentais existentes, ocorrerá, ainda mais do que já se conhece, uma fortíssima exclusão social, intelectual, organizacional, política e econômica.

Aqueles que dominam o poder político das nações são os que possuem maior renda. Por que o Estado se endivida? Porque aqueles que o dominam assim o querem. Por que querem ou aceitam que o Estado contraia dívida? Porque eles serão os credores. Quem lucrará com a dívida? Os credores. Quem pagará a conta da dívida? Os perdedores, no caso, o povo. Por que, então, o povo deve aceitar esse modelo?

Mas os credores dirão que o Estado se endivida porque os governos gastam mais do que arrecadam. Então, afirmarão que os governos são os responsáveis. Porém, os governos têm muita facilidade para aumentar as dívidas, mas para tributar os de maior renda a luta é difícil. Os ricos reagem rapidamente se isso for proposto. Essa mesma reação não existe para o endividamento nem para a alta dos juros. Isso ocorre porque os governos representam as elites econômicas: os governos compõem as elites e as elites são os governos.

As nações desenvolvidas e com grandes dívidas proporcionais ao PIB somente enfrentam problemas se, em algum momento, existir o risco de não pagamento. Enquanto o risco for suportável, as dívidas podem crescer, na visão do mercado. Quando o risco real começa a se aproximar, as elites pressionam os governos para os cortes na previdência, cortes de pessoal, congelamento de salários, aumento dos tributos indiretos e outras formas de austeridade.

Esse endividamento, até o limite em que os governos conseguem fazer a rolagem sem problemas, é chamado de dívida saudável. Essa dívida é muito saudável para as elites, o sistema financeiro e os políticos. Para os empobrecidos, não existe dívida saudável. Toda dívida é uma maldição que mata os mais vulneráveis.

Toda dívida gera opressão sobre os empobrecidos, porque eles deverão pagá-la através dos impostos indiretos. Como possuem renda limitada ou mínima, qualquer percentual a mais que é retirado significa grande renúncia, muito sofrimento, fome, moradia precária, favelas, falta de tratamento de saúde e de medicamentos, e todo tipo de mal que se acumula. Então, pode-se falar com tranquilidade que a dívida mata. Empobrece e mata. Por isso, as pessoas de virtude devem buscar outro caminho ou outra solução.

Todos os virtuosos, os jovens, os empreendedores e os povos em todo o mundo devem renunciar a esse modelo maldito de governos endividados. As nações que buscam a liberdade somente a alcançarão sem o endividamento.

Se todas as nações do mundo renunciarem às dívidas, os rentistas irão lotar os hospitais psiquiátricos. Já os fundos de pensão dos privilegiados quebram. Os rentistas irão querer pagar para as pessoas ficarem com um pouco mais de dinheiro. O capital será farto e gratuito. Nossa! Isso é verdade? Quase uma verdade! É só uma brincadeira para exercitar a mente com um fundo de verdade!

Mas esse modelo atual funciona? Funciona muito bem porque atende as elites econômicas que possuem a força maior no controle dos governos. Mas, para aqueles que perderam na sociedade sem entender as causas, muitas vezes não recuperam o que perderam. E quem perde são os que têm menos, os que trabalham e empreendem.

Depois de passada a crise, quando o país volta a crescer, um novo fôlego passa a existir para as elites continuarem a financiar o governo e a transferir renda dos mais empobrecidos para os mais ricos. Isso acontece até o dia em que o risco do país retorna e novamente a cartilha dos cortes aos mais empobrecidos volta a ser aplicada.

Se dívidas existem, deverão ser pagas, porém, por aqueles que as adquiriram ou viabilizaram sua contratação. Então, os que detêm maior renda são os mais responsáveis. E como fazer isso? Através do aumento das alíquotas progressivas do imposto de renda. Esse processo deve ser automático. Cresce a dívida, cresce o imposto sobre a renda dos mais ricos. Cai a dívida, cai o imposto sobre a renda. Destarte, a classe mais rica não terá interesse no crescimento da dívida pública. Logo, o montante destinado a subsidiar os juros será canalizado para investimentos e redução tributária. Isso é possível hoje? Não. O modelo existente não permite.

No modelo atual, o Estado, em vez de tributar os de maior renda proporcionalmente, pega emprestado. Quanto ao pagamento dos tributos, cobra impostos maiores dos de menor renda. O correto e justo seria tributar os de maior renda ao invés de tomar emprestado.

Mas se existir uma crise e a dívida for uma necessidade? Nesse caso, o Estado poderá contrair dívida para investimentos e não para custeio, incentivando a geração de emprego e renda. Esse é um caminho até saudável, mas inicialmente se deve evitá-lo devido às armadilhas dos rentistas.

E se o investimento, ao gerar o crescimento da renda e da receita tributária, não for suficiente para cobrir as despesas da dívida? Deve-se automaticamente elevar o imposto de renda até a dívida retornar ao patamar aceitável. Dessa forma, trava-se a sangria do Estado em favor de uma minoria economicamente dominante.

Ocorre que, no processo de organização do sistema político, o modelo continua ultrapassado. Os partidos ligados à classe trabalhadora continuam com o discurso do séc. XIX, dos trabalhadores contra os patrões. E, por outro lado, os empresários produtivos se comportam na defesa de um sistema onde eles também estão sendo explorados desproporcionalmente.

A soma envolvendo trabalhadores, agricultores e empresários produtivos, isto é, que geram mercadorias e serviços, está continuamente perdendo participação na riqueza mundial diante dos créditos dos rentistas em títulos e juros das montanhas de dívidas públicas. É uma conta impagável pelo sistema produtivo de todo o planeta.

Segundo o FMI, a dívida pública mundial estava próxima a 100 trilhões de dólares em 2024, e se somar as dívidas privadas, ultrapassa os 250 trilhões de dólares. Esse resultado é dos números que o FMI tem controle. No entanto, estima-se que 40% do valor existe em dívidas escondidas ou não informadas. Para efeito de comparação, o total das dívidas representa 114 anos do PIB anual do Brasil de 2,18 trilhões de dólares, em 2024, segundo o IBGE. Consegue entender como o povo está submetido a um monstro sugador de riquezas? (FMI, 2025).

Segundo Jorge Caldeira (2017) em "História da Riqueza do Brasil", a independência em 1822 nos custou 5,68 milhões de libras esterlinas. Desse total, somente 600 mil ficaram no Brasil.

> Em outras palavras: algo como 3 milhões de libras esterlinas – dois terços das exportações ou quase 10% do PIB brasileiro – foi embolsado pelo monarca para seus projetos pessoais ou pagamentos aos ingleses. No total, um valor que equivalia a algo como 18% do PIB foi dado em pagamento ao exterior – seja a Portugal ou ao bolso do monarca (CALDEIRA, 2017, p. 224).

Em proporção do PIB de 2018, esse valor equivale a mais de um trilhão de reais. A independência chega marcada por forte corrupção. Algo, em valores, nunca visto antes para a época. Essa é a herança maldita deixada pelo imperador Pedro I, que realizou o contrato do empréstimo sob sigilo de Estado e depois partiu para Portugal.

Essa manobra de Pedro I custou um século de renda *per capita* praticamente estagnada. Segundo Caldeira (2017), em 1820 a renda *per capita* do Brasil foi de 670 dólares e em 1890 chegou a 704 dólares, para uma população que saltou de 4,4 milhões de pessoas em 1819 para 14,3 milhões em 1890.

Para efeito comparativo, nos EUA a renda *per capita* saltou de 1,3 mil dólares em 1820 para 4 mil dólares em 1890. Enquanto a população avançou de 5 milhões de habitantes para 63 milhões em 1890 (CALDEIRA, 2017).

Esse é somente um exemplo de como a corrupção entrou firme no Brasil independente. Quem pagou esta conta do imperador? Quem está pagando as demais contas dos endividamentos irresponsáveis dos administradores do Brasil? A conta é sempre paga pelo setor produtivo, sobrecarregando os mais vulneráveis.

No império, literalmente os escravos pagavam a conta e na república todo o setor produtivo, na medida em que a tributação foi sendo gradativamente ampliada sobre a produção e o consumo e reduzida sobre a renda a partir de 1964. O Brasil foi adotando um modelo regressivo diferentemente dos EUA, na época.

Pode-se observar que a maior perda da dívida contraída por Pedro I não foi o fato de ter que pagá-la e pagá-la com juros. A maior perda foi o impedimento que o Brasil teve de crescer e se desenvolver ao longo do século XIX. Se o Brasil tivesse crescido em renda per capita o equivalente aos EUA, ao chegar em 1890, isso representaria – para a população de 14,3 milhões de habitantes – um PIB de 32,4 bilhões de dólares ao invés dos 10 bilhões alcançados. Isso equivale a uma perda de mais de 22,3 bilhões de dólares somente para o ano de 1890. Ocorre que essa perda veio se acumulando ao longo dos quase 70 anos do império. Essa é a grande perda. É o efeito negativo de uma impossibilidade de crescimento econômico acumulativa. Esse processo de endividamento se manteve em toda a era republicana até os dias atuais.

Numa sociedade de democracia plena, moderna e equilibrada, a definição de gastos e de receita deverá caber ao povo. A Democracia Interativa deverá assumir essa função imediatamente à sua implantação, na medida em que for definindo os instrumentos para essa tarefa.

Mas o ideal para fazer a engrenagem social se ajustar a um modelo de maior justiça social é o povo controlar a legislação tributária e todas as suas fontes de receitas. Isto porque seria inicialmente muito complexo o povo fazer a gestão dos gastos diretamente. Para fazer a gestão dos gastos, o povo exigirá de seus subordinados os resultados concretos desejados.

O poder desempenhado pelo Estado é opressor e manipulador. As leis são duras demais com os empobrecidos e facilitadoras para a elite econômica e política. É uma engrenagem praticamente impossível de ser rompida por ideias libertadoras. As tentativas que ocorreram ao longo da história através de revoluções pelo mundo se acomodaram dentro de uma nova lógica opressora. Assim foi com a Revolução Francesa, as revoluções comunistas e outras.

Nenhuma revolução ou pessoa construirá uma nação livre. Faz-se necessária uma sistematização do processo democrático de forma que suas entranhas possam gerar gradativa, perene e dinamicamente o avanço dos direitos de liberdade contra os dominadores que estão entranhados na engrenagem sistemática.

Todas as estruturas — política, legislativa, tributária, jurídica, econômica, militar, entre outras — guardam seus privilégios e agem sistematicamente para ampliá-los. É preciso um movimento contrário a essa lógica perversa para os povos. O poder do Estado deve partir da base, diretamente, ou nunca se alcançará a plena democracia.

Esse movimento contrário necessita de instrumentos de ação que atualmente não existem de forma efetiva. Algumas migalhas são dadas em algum momento histórico; no entanto, muitos outros retrocessos são estendidos. Por isso, em algum momento histórico, muitas nações regridem em uma diversidade de aspectos negativos que pareciam superados. Basta olhar os EUA nos últimos tempos.

O processo de eliminação da dívida pública em uma Democracia Interativa deverá ocorrer como um resultado natural de superávit operacional a partir do corte de privilégios. Quando o superávit surgir, as taxas de juros despencarão no mercado financeiro e acelerarão ainda mais a queda da dívida pública, porque a grande vilã da dívida são as eternas taxas de juros absurdas usadas como guilhotina sobre os empobrecidos. Uma vez revertido o caminho da dívida pública, os rentistas irão oferecer dinheiro com taxas negativas para a nação e seus entes federados; porém, os gestores não devem aceitar até que a dívida não mais exista.

Quem precisa de dinheiro barato e taxas negativas são os empreendedores privados. Ali está a chave do crescimento econômico, da expansão e da ascensão social. Então, é para lá que o mercado financeiro deverá direcionar seus recursos.

Os rentistas são os sugadores do Estado e os controladores dos partidos políticos que sugam juntos. Passam todo o tempo ditando as regras do jogo e do controle sobre as nações. Mas, na Democracia Interativa, eles terão somente o processo produtivo para ganhar através da criação, da produção, das parcerias e tudo mais que leve ao crescimento econômico. Somente lá devem ter espaço por serem úteis naquela atividade.

Analise os últimos orçamentos do seu país! Pergunte à IA! Na grande maioria dos países, o gasto número um é com o pagamento de juros da dívida pública, isso quando conseguem pagar os juros. Quanto ao capital, não se paga. Somente rola e vai transformando juros não pagos em novo capital a ser pago.

Depois da dívida e seus encargos, vêm os sistemas de previdência pública que se dividem em dois blocos. O primeiro se refere aos fundos que o Estado ajuda a manter para a aposentadoria dos funcionários públicos, parlamentares e empregados de empresas públicas. O segundo é para o fundo previdenciário dos empregados da iniciativa privada que se aposentam. Com o envelhecimento mundial da população, o fundo para atender à iniciativa privada exige a cada ano mais aporte de recursos públicos. No entanto, ele atende à grande maioria da população de menor renda.

Busque comparar a média que o funcionalismo público recebe em relação à média que os demais trabalhadores recebem! A diferença é gritante. Só que quem sustenta a aposentadoria pública são os que trabalham na iniciativa privada. Usam o dinheiro público para privilegiar um seleto grupo.

É por isso que o pobre tem que pagar imposto sobre o alimento, sobre o gás de cozinha, sobre a energia elétrica, sobre os medicamentos, sobre o empréstimo emergencial e, no final, da sua pouca renda, um elevadíssimo percentual foi consumido pelo próprio governo, reduzindo ainda mais o que já é mínimo para ele sobreviver.

Seria importante um único fundo previdenciário público. Não se pode admitir que trabalhadores que recebem um salário-mínimo paguem impostos para os entes federados bancarem fundos de previdência diferenciada para o funcionalismo público. Quem desejar um sistema diferenciado deverá buscar a previdência privada. O mesmo princípio deve valer para todas as empresas que possuem participação pública e que possuem fundo próprio.

Na verdade, todas as empresas que possuem fundo previdenciário para os seus indiretamente repassam os custos para os preços, onde os pequenos assalariados pagam a conta. Assim acontece nas taxas de juros dos bancos públicos e nos preços das demais empresas públicas ou com participação pública.

As empresas, para possuírem esses fundos, precisam ser lucrativas e cobrir os seus custos de produção. Logo, todo custo entra na planilha para a formação de preço. E, caso a empresa seja deficitária, a situação ainda ficará pior, porque os custos serão repassados tanto aos preços como aos impostos.

Voltando à questão do orçamento, depois da dívida e seus encargos e da previdência e assistência social, o Estado tem enormes gastos com saúde, educação, transportes, defesa, entre outros. Todas estas pastas têm uma sistemática de difícil reversão dentro do modelo político do Brasil e de muitos outros países.

A prática administrativa é de sempre ampliar as despesas e as contratações. Cada departamento criado no setor público em qualquer esfera busca se tornar mais forte, e os gerentes de cada um deles buscam proteger os seus e defender a importância de seu órgão e seus serviços. Nenhum deles assume um departamento para findá-lo, buscando reduzir o peso do Estado.

Parece óbvio, mas essa prática mostra que o processo não tem limite e o povo de menor renda vai sendo empurrado para os extremos com mais tributos, mais endividamento e mais insegurança.

Não existe outra forma de mudar essa dinâmica para os de menor renda senão mudar o sistema político. Todas as reformas dão certo para o andar de cima. No andar de baixo, em mais de 500 anos de Brasil, todos os tipos de governo e de políticos falharam, mentiram, enganaram, massacraram, roubaram, mataram, desviaram as terras da União para os apadrinhados, destruíram sonhos, não cuidaram das crianças e nunca fizeram uma revolução educacional transformadora.

O resultado é um país riquíssimo onde o povo ainda está desdentado, sem casa própria e sem chão. Onde as mulheres empobrecidas, para comprar uma lavadora de roupas ou um micro-ondas, são tributadas em mais de 40%. E 30% dos lares não tinham uma lavadora, segundo o IBGE (2022). Em mais de 500 anos, só existe uma explicação: a elite e os políticos, sempre aliados, levaram tudo e, ainda, eles têm o crédito da dívida pública que eles mesmos fizeram.

Quando um país, através do Banco Central, define a taxa de juros básica da economia, que terá influência direta no crescimento ou não do país e na remuneração da elite econômica, o leitor acredita que todos agem com o máximo de honestidade para não sacrificar os de mais baixa renda?

Qual é a força do devedor que necessita renegociar a dívida diante de credores vorazes que "necessitam demais de mais juros"? Tem o devedor força suficiente contra todo um sistema estruturado para a exploração máxima de qualquer nação enfraquecida? E quanto mais fraca for, maior é a taxa de juros real, submetendo a nação à escravidão.

A palavra escravidão é real, porque quem pagará a conta é o operário que faz a marmita de madrugada para ir trabalhar. Irão buscar cortar os reajustes dos salários e aumentarão os impostos sobre a energia elétrica, o gás de cozinha, os alimentos, os materiais de construção, as máquinas de lavar roupa e os demais itens de consumo dos empobrecidos. Entende por que as pessoas não são pobres, e sim empobrecidas?

A transferência de riqueza através da taxa de juros no Brasil está se situando em um trilhão de reais ou 200 bilhões de dólares anualmente, a partir de 2025 (BACEN, 2026).

Olhando o valor, o leitor pode imaginar que se trata apenas de um número. É verdade, porém esse número exigirá uma perda maior para o operário, citado anteriormente, que deverá pagar mais impostos sobre suas despesas. Virão outros governos que elevarão a idade para esse operário se aposentar. Outros, ainda, que irão congelar o salário-mínimo. Mas não será suficiente e, então, deixarão de corrigir o valor das aposentadorias pela inflação, desvinculando o salário-mínimo das aposentadorias. Entendem que o ciclo de perda se prolongará e, assim, no futuro, os empobrecidos não avançarão na proporção da riqueza social da nação?

A dívida pública no mundo cumpre um papel importante para as elites econômicas em perpetuar a riqueza daquelas famílias que acumularam grandes fortunas. No entanto, no Brasil e nos demais países em desenvolvimento — mas que nunca se desenvolvem —, sua função se expande, pois ela também é uma excelente fonte de receita líquida para os que nela aplicam seus recursos, diferentemente dos países ditos desenvolvidos.

Como a taxa real de juros do Brasil e de muitos outros países está sempre acima da taxa de crescimento da renda nacional, a fortuna herdada supera a riqueza do processo produtivo de uma nação. Se nos últimos 30 anos o país cresceu, por exemplo, 2,5% ao ano, e a taxa real — isto é, acima da inflação — dos títulos da dívida pública pagou 5% ao ano, isso significa que bastou aos herdeiros pouparem para fazerem a fortuna crescer além do processo produtivo em 100% — de 2,5% contra 5%. E se eles retiram mais renda do Estado, além do crescimento da renda nacional, os demais — os de menor renda — estão sendo empobrecidos, tendo o Estado e sua elite política a responsabilidade pelo empobrecimento dos seus cidadãos.

Agora o leitor entende a importância da definição da taxa de juros para retirar o país e os empobrecidos da escravidão permanente? Isso é muito sério para ser deixado para a raposa diante de um galinheiro resolver! Você não acha? É possível entender que não adianta esse ou aquele presidente para pôr fim a tal situação? Que não adianta esse ou aquele congresso para pôr fim ao modelo? E que a maioria que é eleita se alia ao sistema explorador e se enriquece rapidamente, tanto com as falcatruas quanto com os elevados níveis de renda, salários e benefícios exorbitantes? É possível você entender que os privilégios nos altos escalões dos governos exercem uma função de amortecer os impactos para aqueles que irão decidir o destino do povo?

Se você conseguiu entender essa etapa, você entenderá que trocar o partido ou o político não resolverá. Mas, para aqueles que dominam, a troca é uma forma eficiente de mostrar que a sociedade está sempre buscando melhorar, amortecendo as revoltas populares, ganhando tempo e mantendo o processo de acumulação de capital.

Entendendo isso, você compreenderá que direita e esquerda é um jogo para enganar. Se o comunismo resolvesse, a ex-URSS não seria ex-URSS, e sim URSS. E o povo russo seria muito rico e equilibrado socialmente, com forte democracia. Se o capitalismo fosse bom, o Brasil seria um paraíso para o povo, tanto economicamente quanto socialmente. Percebem que a questão não é essa?

Todos os sistemas arquitetados no mundo até os dias atuais foram construídos mantendo a elite econômica e política no poder. Às vezes trocam as peças políticas, como matar o rei, dar um golpe, fazer uma revolução, mas, no fundo, as elites permanecem no controle do sistema em todo o mundo, com poucas diferenças.

Daqui a um ou dois séculos, com esses modelos existentes de república ou monarquia, a humanidade, se ainda existir diante das catástrofes ambientais e atômicas, terá a maioria empobrecida e muitos passando fome e com grande necessidade de serviços de saúde, segurança, educação e outros.

Os modelos foram arquitetados para isso, e os pensadores, como Marx e outros, pensaram em trocar as peças mantendo o sistema de dominação, só que, com suas revoluções, a dominação seria do partido único. Marx usou a iniciativa privada como o bode expiatório, mas, nas tentativas de aboli-la, mataram a liberdade humana e provocaram um estrago sem precedentes na humanidade.

Marx acreditou na ditadura, errando completamente a direção. É que Marx não conseguiu construir um modelo de democracia, pois só com mais democracia se construirá uma sociedade mais igualitária. Aquela história de ter que implantar uma ditadura do proletariado foi uma ideia mortal, literalmente, contra milhões e milhões de empobrecidos pelo planeta.

Isso fez com que as ideias de Marx matassem tanto quanto a exploração capitalista, que é uma exploração real, mas que na democracia pode ser freada. O que falta é mais democracia direta. Então, qual a moral da esquerda para vir pregar mais justiça social e falar em democracia? Fica difícil assim!

Essa crença da esquerda em ditadores pelo mundo acaba por fortalecer o crescimento da extrema direita, que também sonha em centralizar o poder e dominar pela força. Esse jogo não interessa à democracia representativa existente e a enfraquece ainda mais. Por isso, para o modelo de Democracia Interativa — que é uma democracia direta —, esses conceitos de direita e esquerda fazem parte de um passado cruel, útil apenas como um exemplo histórico do que não se deve fazer. São pensamentos arcaicos que serviram de dominação contra os indefesos.

O jogo permitido e livre das forças sociais numa democracia gera uma forte capacidade de transformação e aceitação, onde todos saem ganhando, tanto economicamente quanto em liberdade de participação, liberdade de ir e vir, liberdade de contrariar outras visões, liberdade de propor novas ideias e de evoluir. Essa liberdade garante a melhoria da vida e não leva à prisão, aos trabalhos forçados, à tortura, ao exílio e ao deslocamento de comunidades e pessoas para campos de concentração.

Da mesma forma, essa liberdade, com uma educação de qualidade, não permitirá que o sistema de dominação continue a oprimir e a escravizar nas democracias no estilo Schumpeter, seja no Brasil, EUA, Europa e muitos outros países. A democracia representativa implantada nos EUA e depois ampliada para outras nações ofereceu um grande avanço; no entanto, foi tomada pelo sistema econômico e não mais oferece instrumentos de avanço, permitindo que forças estranhas ressurjam, aproveitando-se de sua tênue resistência.

CAP. 2

A DEMOCRACIA INTERATIVA SUPERA OS LIMITES DA REPÚBLICA E DA DEMOCRACIA REPRESENTATIVA

1. DEMOCRACIA E REPÚBLICA EM ROUSSEAU E MONTESQUIEU

O pensamento de uma Democracia Interativa e de uma república com quatro poderes nasce no sentido de trazer para o campo político o processo evolutivo da humanidade diante da evolução tecnológica, de forma que as pessoas de cada nacionalidade possam experimentar uma nova maneira de dirigir e assumir os rumos de seu país. Desse modo, essas pessoas se sentirão coparticipantes do processo decisório e, de fato, um cidadão ou cidadã.

Rousseau (1762/1999) manifesta essa visão em seu livro "O Contrato Social", acreditando que cabia ao povo a decisão do seu destino:

> Em todo estado de causa, o povo é sempre senhor de mudar suas leis, mesmo as melhores, porque, se lhe aprouver prejudicar a si mesmo, quem terá o direito de impedi-lo? (ROUSSEAU, 1762/1999, p. 110).

Rousseau acreditava que o povo poderia escolher qualquer caminho, porque, se escolhesse prejudicar a si mesmo, de qualquer forma a solução viria pelo sacrifício do próprio povo. No sistema de dominação atual, o sacrifício do povo é inútil, porque é um sistema de dominação infinito.

Os sistemas políticos em todo o mundo se tornaram uma quinquilharia, com raras exceções. Envelheceram na contramão da evolução. Os povos têm sede de participação e emancipação. Vão para as ruas e gritam por mudanças, mas não encontram uma forma efetiva de exercer essa vontade explosiva que eles e elas, cidadãos soberanos, têm no peito.

A "democracia" em que muitos povos estão inseridos, de fato, está dominada por uma casta que se distanciou dos cidadãos comuns, nega-lhes seus direitos e os escraviza economicamente, principalmente através de um sistema tributário regressivo. Isso é feito de forma legal e sem a devida percepção popular. No cotidiano, muitos acabam achando normal. Os povos do mundo vivem numa escravidão política, financeira e tecnológica.

Montesquieu (1748/2000), em "O Espírito Das Leis", sonhava com a capacidade de um povo soberano:

> Quando, na república, o povo em conjunto possui o poder soberano, trata-se de uma democracia. O povo, na democracia, é, sob certos aspectos, o monarca. O povo que possui o poder soberano deve fazer por si mesmo tudo o que pode fazer bem (MONTESQUIEU, 1748/2000, p. 31).

Por impossibilidade de atuar diretamente no governo de uma nação, a forma encontrada para a participação do povo foi a representatividade. Acontece que, usando da representatividade, os grupos no poder buscam como prioridade atender seus próprios interesses e os daqueles que possuem o poder econômico, com raras exceções.

Fazem as leis para beneficiá-los. Tributam os mais empobrecidos e tributam todo o sistema de produção em favorecimento aos mais ricos e ao poder político. Têm fartas aposentadorias, sacrificando os mais humildes. Cobram juros de fazer inveja aos agiotas, legalmente. É isso a democracia? Voltando a Montesquieu:

> Outra lei fundamental da democracia é aquela que diz que somente o povo elabora as leis. Não é necessária muita probidade para que um governo monárquico ou um governo despótico se mantenham ou se sustentem. A força das leis no primeiro, o braço erguido do príncipe no segundo, regram e contêm tudo. Mas, no Estado popular, se precisa de um

motor a mais, que é a virtude (MONTESQUIEU, 1748/2000, p. 32).

Parece que algo foi perdido ou, talvez, nem foi ainda encontrado: a virtude. Quem elabora as leis? A quem as leis favorecem? O que aconteceria se todas as leis passassem por um filtro popular? Seria isso possível neste século XXI? Essa é uma mudança extraordinária que o povo não deve conceder a ninguém. É o povo que deve aprovar todas as leis que irão legalizar e reger o sistema social. Caso contrário, não existe soberania popular.

Continua Montesquieu:

> Os políticos gregos, que viviam no governo popular, não reconheciam outra força que pudesse sustentá-los além da virtude. Os de hoje só nos falam de manufaturas, de comércio, de finanças, de riquezas e até de luxo (MONTESQUIEU, 1748/2000, p. 33).

Veja, se Montesquieu conhecesse nosso Brasil atual, onde só se fala de dutos de corrupção, de emendas parlamentares secretas, de recursos públicos para partidos políticos, o que diria? Isso não quer dizer que o país antes era melhor, apenas não se tinha dados empíricos da corrupção, nem legislação e organismos para combatê-la. Ela sempre esteve aí, porém, um pouco mais acobertada.

2. A DEMOCRACIA COMO UM IDEAL SUPERA SCHUMPETER

Joseph Schumpeter (1942/1961), em "Capitalismo, socialismo e democracia", teve uma visão precisa e desnudou a prática democrática ao mostrá-la como um método e não como um ideal.

> A democracia é um método político, isto é, um certo tipo de arranjo institucional para chegar a uma decisão política (legislativa ou administrativa) e, por isso mesmo, incapaz de ser um fim em si mesmo, sem relação com as decisões que produzirá em determinadas condições históricas. E justamente este deve ser o ponto de partida para qualquer

tentativa de definição (SCHUMPETER, 1942/1961 p. 291. Tradução Ruy Jungmann).

Schumpeter parece não acreditar num modelo onde o povo pudesse governar e que isso fosse possível. Para a disposição tecnológica da época é possível entender a dificuldade. Mas o fato é que ao longo do tempo esse fator foi usado como forma de dominar o povo.

> Mas se é o povo, definido como seja, que deve governar, surge ainda outro problema. De que maneira será tecnicamente possível ao povo governar? (SCHUMPETER, 1942/1961 p. 295. Tradução Ruy Jungmann).

Schumpeter acredita em muitas formas do povo influenciar e controlar o governo sem uma democracia direta, mas nenhuma delas pode ser chamada de governo do povo, pois não é. O povo jamais governa, exceto por convenção arbitrária, segundo ele.

> Nosso fracasso, no entanto, ensina-nos uma verdade. Além da democracia direta, existe uma riqueza infinita de formas prováveis, através da qual o povo pode participar do governo, influenciar e controlar os que realmente governam. Nenhuma dessas formas, especialmente nenhuma das formas viáveis, possui um direito claro e exclusivo de ser descrita como governo do povo, se tomamos essas palavras no seu sentido habitual. Se qualquer delas adotar esse título, o fará apenas em virtude de uma convenção arbitrária, definindo de logo a significação que deve ser atribuída ao verbo governar. Tais convenções são sempre possíveis: o povo jamais governa, mas pode sempre governar por definição (SCHUMPETER, 1942/1961 p. 296. Tradução Ruy Jungmann).

Schumpeter explica que os partidos políticos têm o domínio sobre as massas e competem adotando quase os mesmos programas, semelhantes às competições comerciais. O marketing é a essência da política competindo pelo voto. O povo é a massa e age como estouro de boiada.

O partido é um grupo cujos membros resolvem agir de maneira concertada na luta competitiva pelo poder político. Se não fosse assim, seria impossível aos diversos partidos adotar exatamente, ou quase exatamente, os mesmos programas. E isso acontece, como todos sabem. Partido e máquina eleitoral constituem simplesmente a reação ao fato de que a massa eleitoral é incapaz de outra ação que não o estouro da boiada. Representam, por conseguinte, uma tentativa de regular a luta eleitoral da maneira exatamente semelhante à que encontramos nas associações patronais de comércio. A psicotécnica da administração e da propaganda partidária, slogans e marchas patrióticas não constituem, pois, acessórios, mas a própria essência da política. Da mesma maneira, o chefe político (SCHUMPETER, 1942/1961 p. 337. Tradução Ruy Jungmann).

Schumpeter enxerga na prática dos partidos políticos um jogo onde prevalece o oportunismo, adotando a democracia quando isso for do interesse partidário.

No que interessa à democracia, os partidos socialistas não são presumivelmente mais oportunistas do que os outros. Eles simplesmente adotam a democracia se e quando ela serve aos seus ideais e interesses, e em nenhuma outra hipótese (SCHUMPETER, 1942/1961 p. 289. Tradução Ruy Jungmann).

Essa análise bem estruturada de Schumpeter, citada anteriormente, mostra a realidade dos diversos povos pelo mundo. Além de serem explorados pelo sistema econômico, são manipulados pelo sistema político. Trabalham em situações precárias e não tem o tempo necessário para organizar a vida dentro de um planejamento individual ou de família. E para as questões de política e governo são vistos como massa de manobra.

Schumpeter mostra em todo o texto uma visão clara de povo irracional e manipulável pela visão dos líderes políticos e, de fato, é assim que acontece.

Ele, porém, não se dispôs a sugerir nenhum outro modelo onde esta realidade pudesse ser evitada e transformada.

O povo sobrecarregado não tem tempo. A luta pela sobrevivência o corrói. A questão que pode ser colocada é que o povo permanecerá como massa de manobra. A pergunta é: poderá o povo buscar uma mudança e assumir seu protagonismo?

Se o povo não tem tempo é porque as elites não deram ao povo esse tempo. Isso não interessa a elas. A estrutura social de dominação deseja sempre aumentar a tomada de tempo do trabalhador. As jornadas menores de trabalho são resultado de inúmeras lutas sociais. Alguns países ainda têm jornada de doze horas diárias com seis dias por semana — chamada de "996" — trabalham de 9h da manhã até as 21h durante 6 dias por semana. Outros países desejam conquistar essa jornada de trabalho em busca de maior competitividade, não se importando com a vida do trabalhador, sua relação com a família, sua saúde física e mental, seu direito ao descanso e ao lazer. Enfim, sua felicidade.

É preciso entender que o povo é dominado pelo sistema econômico e político e não será fácil romper com isso. Assim como não foi fácil os negros conseguirem a libertação da escravidão nas Américas, principalmente no Brasil. E, mesmo conseguindo, subiram apenas alguns degraus importantes, mas não alcançaram a liberdade e os direitos plenos. Tanto os negros quanto os demais de menor renda, continuam sendo dominados.

O mesmo deverá ocorrer sobre a informação que é negada ao povo. As *big techs*, em sua maioria, permitem todo o tipo de desinformação ao povo e incentivam a redução da mente humana de pensar para transformar, crescer, conquistar direitos e avançar no conhecimento científico. Pelo contrário, alimentam as massas com "circo" e não com ciência.

Diante desse modelo, as crianças e os jovens estão sendo treinados para aceitar qualquer tipo de manobra social e todo o mundo de decisões e conhecimento está ficando muito mais distante, devido às limitações impostas em suas mentes. E isso necessita ser transformado para que o povo possa enxergar sua capacidade plena. Ao contrário, o que se realiza realmente é a massificação destrutiva.

Ao enxergar sua capacidade plena, o povo conquistará um grande interesse em construir uma nova sociedade onde a massificação destrutiva fará vergonha às novas gerações, como a escravidão dos negros no passado e a jornada de trabalho excessiva no presente, tanto a escala "6x1" no Brasil e, muito mais, a escala "996" em outras nações.

Como é que um trabalhador empregado ou até autônomo, tendo que cumprir uma carga horária excessiva durante seis ou sete dias por semana, terá tempo? Isso é claramente uma forma de escravidão nos tempos modernos.

Se o avanço tecnológico inserido pelo capitalismo não permitiu a redução dessas jornadas de trabalho, qual o valor desse avanço? Avanço para quem? Qual a lógica por trás disso? Não existe argumento humanista que possa justificar tal absurdo. Esse comportamento das elites, dos políticos e de seus partidos demonstra que o povo está diante de verdadeiros dragões sugadores da vida humana. É um extrato social que desconhece por completo o que é virtude. E são eles que detêm o controle do Estado e da Nação. Pode isso? Inconcebível!

Se nem a democracia representativa foi capaz de fazer essa mudança, ela pouco serviu ao povo manipulado. Veja que os partidos políticos conseguem tudo o que desejam no jogo do poder, mas, na realização da justiça social, prevalece o discurso. Pode-se ver que o trabalho dos partidos é para manipular as massas e se manterem no poder.

A Democracia Interativa, no entanto, terá todos os instrumentos para que o povo tenha o tempo ideal para exercer a democracia e para colocar um fim a todos os tipos de escravidão e manipulação das sociedades modernas. Porque é o povo que deverá validar todas as leis e todos os tributos.

Por isso, usando dos novos instrumentos, a Democracia Interativa deverá abolir todos os partidos políticos, porque eles são os instrumentos do contrário. Eles são instrumentos de dominação. E deverá fazer isso com muita alegria, como no dia da libertação dos escravos. Mas, se a Democracia Interativa deixar um partido para trás, sem extingui-lo, isso pode ser muito perigoso, porque certamente esse partido único vai querer controlar tudo e todos.

Talvez o leitor pense que outras forças negativas surgirão para oprimir o povo. Isso é uma verdade. Pode e vai acontecer. A diferença é que o povo terá condições reais de combater os novos agressores. O processo inserido na proposta da Democracia Interativa é de constante avanço. Então, a sociedade precisa aprofundar os instrumentos de defesa, porque os inimigos da democracia estarão sempre prontos para a destruição. E eles ainda possuem mais capital para comprar muitas ideias e para manipular.

Isso mostra que a dinâmica da Democracia Interativa precisa se voltar para um forte aprofundamento dos valores humanos e das virtudes. O processo de formação e conscientização deverá ser acelerado, formando uma vasta maioria que entende como a democracia é linda e tenra, e que ela precisa ser cuidada com o máximo de zelo.

A formação deve iniciar já na educação infantil, porque a criança terá desde o início o entendimento do respeito mútuo, da não exploração, de pensar e de criar com liberdade; porém, sem ofender nem dominar o outro. É um pensamento de inclusão social constante. A força do egoísmo interior deverá ser trabalhada para se transformar em força partilhada de acolhimento e de crescimento mútuo. É preciso o entendimento de que, quando todos crescem juntos, os resultados são maiores socialmente do que quando um cresce isoladamente.

O povo comum é visto como irracional e manipulável em questões políticas. Esse argumento mostrado por Schumpeter (1942/1961) precisa ser radicalmente transformado pelo processo educacional. Tal argumento é uma verdade para o modelo de política que as elites criaram até então. No entanto, para uma dinâmica de avanço contínuo do humanismo, sempre com mais virtude, a prática social de participação popular deverá demonstrar resultados transformadores e inquestionáveis da capacidade de todos decidirem melhor os rumos da nação.

A vitória não dependerá da guerra e da morte do inimigo, não! Muito menos da ditadura do proletariado e dos trabalhos forçados em campos de concentração! A vitória dependerá da construção contínua de valores humanos que fazem nascer os novos defensores da democracia e da vida.

Toda a revolução no comportamento e na organização social dentro da Democracia Interativa deverá nascer da força unida dos que acreditam que a paz deve sobrepor-se à guerra das armas, das bombas nucleares, da matança indiscriminada e da fome como arma contra os "inimigos". Juntos e unidos por ideais, os jovens e todas as pessoas que desejarem a virtude e a paz devem enfrentar o velho regime exigindo os novos avanços com sabedoria. O velho sistema e suas eleições no modelo antigo devem ser a última eleição para que se inicie a transição pacífica para a Democracia Interativa.

É preciso uma força de renúncia a qualquer partido, a qualquer ideologia de direita ou de esquerda, a qualquer força de egoísmo, de luxo, de ambição política, de status social, de domínio sobre os mais fracos e humildes e de toda forma de opressão social.

Essa força é necessária para que uma unidade de pensamento possa ser construída e irradie mais esperança a todos, que juntos poderão lutar para validar as propostas da Democracia Interativa.

Na Democracia Interativa, o povo terá sempre a decisão final sobre os rumos da nação e não mais uma pessoa ou um grupo, ou ainda um partido político. "DO POVO, PARA O POVO E PELO POVO". "OF THE PEOPLE, BY THE PEOPLE AND FOR THE PEOPLE" (Abraham Lincoln & Jean-Jacques Rousseau).

3. PENSADORES CONTEMPORÂNEOS

Muitos pensadores têm publicado sobre a democracia, porém não foi encontrado nenhum novo modelo que pudesse viabilizar uma novo sistema de governo. De qualquer forma, os pensadores trazem novas ideias, e isso é importante. No entanto, o debate sobre esses pensamentos ficará para uma outra oportunidade.

Tem diversos autores como Robert Dahl, Norberto Bobbio, Carole Pateman e muitos outros que pensaram ou ainda pensam sobre o tema. O que se observa em todos eles é a limitação e complexidade de se passar de um modelo representativo para um novo sistema de autogoverno, onde todos possam ter o mesmo peso na participação, como exemplo, as mulheres.

Não foi algo simples encontrar uma solução que pudesse superar esses desafios. No entanto, o modelo poderá, sim, ser implementado e funcionará gradativamente, em processo de aperfeiçoamento.

A primeira ideia de algo muito complexo é solucionada na medida em que se entende que as decisões na Democracia Interativa serão tomadas continuamente e, em partes, analisadas e resolvidas, dentro do tempo que se precisar para isso. No primeiro momento, realmente a sociedade viverá um impacto, mas o funcionamento da estrutura passada permanece temporariamente, enquanto a nova sistemática vai sendo implementada.

Deve-se estabelecer um mecanismo de prioridades e acelerar as questões que exigem um direcionamento antecipado para suportar as demais, de forma que todo o corpo social participe e seja corresponsável pelo novo sistema de autogoverno popular absoluto. Assim, o impossível será possível e realizável.

Na Democracia Interativa, o povo exercerá o poder de forma soberana, subordinando todos os demais poderes e atuando de forma eficiente e acessível.

A deliberação pública e o voto são instrumentos importantes como complemento ao exercício da democracia direta; porém, insuficientes. Acreditar que a democracia não poderá avançar para um governo direto do povo limita a capacidade transformadora, não só utópica, mas a capacidade real dessa ideia.

Sem a utopia, não existe a profunda transformação. É claro que, na medida em que se estende a participação, com regras bem definidas e com a busca de uma maior inclusão, o processo democrático tende a melhorar. Acontece, que tanto a república quanto a democracia no sistema representativo existente estão corrompidas, e a participação popular, onde existe, é irrisória. Dessa forma, não adianta consertar as normas. É preciso romper com esse modelo antiquado, sujo e corrupto.

A Democracia Interativa oferece um modelo em que a mulher tem o mesmo grau de participação que o homem em toda a nova estrutura de poder e deverá estender essa equidade aos demais poderes da república.

Algum desequilíbrio de gênero pode acontecer nas assembleias do Poder Interativo devido ao grau de escolaridade de cada sexo — no caso da Assembleia dos Notáveis — ou por algum desequilíbrio populacional entre os sexos, no caso da Assembleia dos Defensores e da Assembleia do Povo. No entanto, na formação dos conselhos, dos parlamentos e dos demais cargos, a distribuição igualitária prevalecerá.

O processo de inclusão da Democracia Interativa está muito além do que os pensadores sonharam em uma democracia. Além da inclusão de equilíbrio entre homens e mulheres, a Democracia Interativa inclui todos os jovens entre 18 e 24 anos e todo o povo, que participará diretamente da tomada de decisão, desde que seja cidadão do país, sem nenhuma discriminação ou seleção. Dessa forma, a inclusão vai muito além do voto em representantes. É uma introdução da pessoa humana como coautora da construção do novo mundo.

A seleção que existe na Democracia Interativa serve para extrair mais talentos de cada nível de escolaridade na criação e no andamento dos processos; no entanto, a tomada de decisão será sempre de todo o povo, que soberanamente comandará toda a nação, porque todos os poderes constituídos estarão literalmente subordinados ao povo e deverão prestar contas, o que atualmente é só de fachada.

Se em todas as esferas da sociedade contemporânea a revolução tecnológica entra e transforma ou oferece auxílio para a superação do velho e do antigo, por que isso não pode acontecer no último segmento do atraso, que é o político? É duro dizer isso, mas é verdade. Não existe nada mais atrasado do que o segmento político das nações. É preciso acordar a humanidade!

Por que devemos passar eternamente convivendo com crises infundadas para sustentar uma elite econômica e política?

Até quando a humanidade vai sustentar, com a fome, a pobreza, a violência, a discriminação e todas as formas opressoras, um modelo concentrador de renda que é infinito?

Quem poderá impor limites à excessiva concentração de renda e de tecnologia controladora da vida alheia? Quem poderá impor limites aos poderes corruptos das repúblicas pelo mundo?

Quem poderá definir que produzir abrigo, pão e lazer deve ser prioridade em relação às armas e às guerras? Para onde estamos levando nossas crianças? Vamos todos mergulhar num abismo? Estamos esperando o caos para lamentar?

Se o povo não agir agora, todos serão literalmente explodidos pelo excesso de armas nucleares ou vitimados pelos crescentes desastres ambientais e pela ganância infinita de um bando de idiotas! O mundo precisa parar de produzir armas e começar a produzir amor!

É preciso acordar a humanidade e buscar construir um mundo de sonhos, isso mesmo, de utopia. As crianças e os jovens precisam ter o direito de sonhar, ou todos pereceremos amanhã!

CAP. 3.

O PODER INTERATIVO

1. O PODER INTERATIVO

O instrumento básico para o exercício da Democracia Interativa será a criação do Poder Interativo na estrutura da república. Este poder será adicionado aos demais poderes da república: Executivo, Legislativo e Judiciário.

Os três poderes existentes são harmônicos entre si. Mas o Poder Interativo será soberano em relação aos demais poderes. Essa soberania do Poder Interativo implicará a reorganização dos demais poderes e de algumas de suas funções.

Todas as ações do governo contarão com a validação do Poder Interativo por meio do planejamento e do orçamento validado. Da mesma forma, todas as leis do país deverão ser validadas, desarmando todas as armadilhas contrárias às camadas populacionais de menor renda e retirando a proteção de grupos econômicos e setores de maior renda.

Todas as leis ou partes das leis que sobrecarregarem a metade da população de menor renda, deverão ser revisadas e ajustadas. Da mesma forma, todas as leis que favorecerem diretamente o décimo superior da população em termos de renda deverão ser revistas e ajustadas.

A revisão da legislação passará pelo filtro de uma secretaria jurídica do Poder Interativo, que encaminhará ao Poder Legislativo a adequação, caso necessário. O mesmo princípio valerá para as novas legislações aprovadas pelo Poder Legislativo. Sua validação somente ocorrerá após a liberação dos conselhos do Poder Interativo e a aprovação pela Assembleia do Povo.

Para toda votação do povo, haverá esclarecimentos tanto favoráveis quanto contrários. Esses esclarecimentos deverão ser elaborados antes de qualquer votação. O voto de cada cidadão será livre, terá um prazo de sete dias ou mais, e a resposta será apenas SIM ou NÃO.

A atuação para levar o povo a participar não pode ser dos demais poderes. O Poder Interativo e sua estrutura contarão com órgãos qualificados para essa função. A capacidade humana na terra deverá provar sua eficiência em fazer o sistema funcionar com perfeição e de forma instantânea, assim como fazem com o controle do dinheiro e das armas nucleares. Se alguém disser que isso é impossível, é porque não quer assistir a evolução do velho sistema político que protege seus interesses, muitas vezes obscuros.

O Poder Interativo se autoadministra e ainda regula os demais poderes em estrutura leve e sem necessidade de trabalhadores efetivos. Sua mão de obra será composta por pessoas voluntárias, com contribuições gratuitas, e por pessoas contratadas em períodos predefinidos para determinadas funções. Contratar e demitir será o novo normal para uma gestão dinâmica e de maior produtividade.

É preciso entender que o Poder Interativo é soberano e que não existirá reeleição para os cargos públicos. A administração será técnica, portanto, os serviços e a mão de obra podem ser contratados e desfeitos conforme a necessidade. A ordem máxima do sistema não é a do favorecimento, do apadrinhamento ou do jeitinho, mas sim a da técnica e da eficiência. A atividade política é apenas uma complementação natural em qualquer organização e governo na Democracia Interativa.

Considerando que o Poder Interativo regulará os demais poderes, os mecanismos de ação, contratação e demissão serão estendidos gradativamente aos demais poderes, deixando a máquina pública, sistematicamente, mais eficiente. Alguns cargos públicos passarão pela modalidade de mandato, na qual se elege por período pré-determinado, e outros deixarão de ter mandatos.

Mas quem será o representante do Poder Interativo? O Conselho Nacional do Poder Interativo. Mas quem validará as ações do Poder Interativo? Somente a Assembleia do Povo.

Essa é a estrutura do Poder Interativo em nível nacional ou federal. Além do Conselho Nacional, o Poder Interativo contará com o Conselho dos Sábios, a Assembleia dos Notáveis, a Assembleia dos Defensores e a Assembleia do Povo. Em todas estas instâncias prevalece o coletivo sobre o individual. Nenhuma decisão sairá do Poder Interativo individualmente.

2. CONSELHO NACIONAL DO PODER INTERATIVO

O Poder Interativo será administrado por um conselho técnico de 12 (doze) membros denominado Conselho Nacional do Poder Interativo. A presidência será rotativa, com cada membro atuando por um mês, enquanto os demais dão assistência e compartilham as decisões. Todos eles passarão pela presidência do conselho.

O Conselho Nacional do Poder Interativo é o poder máximo da estrutura, atuará na capital federal de forma presencial e será remunerado. A primeira posse do Conselho Nacional será dada pelos presidentes dos demais poderes já constituídos e pelo presidente do sistema eleitoral em vigor.

Os conselhos e demais órgãos serão preenchidos por números pares devido à paridade de homens e mulheres. No caso de decisão em votações, o presidente não vota, cabendo a decisão aos demais. A presidência sempre será alternada por sexo a cada mandato de 30 dias.

O prazo curto na presidência visa evitar vínculos excessivos com o poder e proteger seus membros contra os ataques externos ao Poder Interativo vindos de grupos econômicos e de lobistas.

A rotatividade e o mandato curto possibilitam a formação empírica de muitos profissionais que jamais teriam essa oportunidade. Isso amplia as experiências, diversifica as visões, fortalece a segurança dos profissionais e dinamiza o poder.

Os conselheiros ficarão no poder por 12 meses, por um único mandato, não podendo se reeleger nesta função, sendo renovados 50% a cada 6 meses, iniciando no 12º mês do primeiro mandato. É importante que os mandatos dos conselheiros terminem sempre após a posse dos eleitos dos demais poderes da república, para que os mais experientes possam contribuir e orientar na recepção dos calouros.

O primeiro conselho a ser eleito, excepcionalmente, terá um sorteio para estender o mandato de seis membros – três homens e três mulheres –, evitando a perda de sequência das atividades de alto nível.

O Conselho Nacional será eleito pela Assembleia dos Notáveis e deverá sair de suas fileiras. Como a Assembleia dos Notáveis é formada pelos cidadãos com maior grau de escolaridade, isso se refletirá na capacidade técnica do Conselho Nacional.

3. CONSELHO DOS SÁBIOS DO PODER INTERATIVO

Será um conselho virtual, com 6 membros por unidade federativa e com título de doutorado, eleitos pelos representantes da Assembleia dos Notáveis em nível nacional de cada unidade federativa, em pleito virtual.

Os doutores de cada unidade federativa que compuserem a Assembleia dos Notáveis em nível nacional ou estadual escolherão, dentro do grupo daquela unidade, seis membros para constituírem o Conselho dos Sábios.

O mandato será de dois anos e sem direito a reeleição nos pleitos seguintes para esse cargo. Será constituído por sexo, com cinquenta por cento para cada grupo.

Nas unidades de baixa representatividade, por carência de escolaridade, para não repetir os mandatos de conselheiros, qualquer pessoa com mestrado ou doutorado pode ser candidata, ainda que não tenha completado a idade de 55 anos.

A cada ano, renovam-se cinquenta por cento dos conselheiros. No caso da primeira turma, cinquenta por cento terá o mandato estendido por um ano, via sorteio por ente federado, mantendo a proporcionalidade de sexo.

A coordenação nacional do Conselho dos Sábios será na capital. A mesa diretora será constituída por um presidente, um vice-presidente e dois secretários, com divisão de sexo e sempre alternada.

A mesa será eleita pelos demais conselheiros em primeiro ato, com mandato de seis meses, sem direito a reeleição. A cada semestre, renova-se a mesa. O objetivo é sempre evitar vínculo continuado com o poder e permitir o crescimento de todo o grupo com a alternância do poder.

Os membros da mesa diretora serão remunerados como atividade presencial. Os demais conselheiros serão remunerados como atividade virtual. Caso sejam necessárias atividades em tempo contínuo ou presencial, aqueles conselheiros selecionados serão devidamente remunerados como presencial.

Haverá sempre dois tipos de subsídios: o presencial, com carga horária padrão de, no mínimo, 40 horas semanais. A outra modalidade será de atividade a distância e virtual, com horários pré-definidos, de preferência entre 19h e 22h, de segunda a sexta, e remuneração de 40% sobre o presencial. As reuniões e debates acontecerão por interatividade.

Em caso de votação, o conselheiro deverá ter um prazo mínimo de 24 horas para que seja realizado o voto, sem correria e no horário que melhor atender ao conselheiro.

As aprovações das decisões do Conselho dos Sábios deverão atingir sessenta por cento de quórum para serem encaminhadas ao Conselho Nacional do Poder Interativo. Caso não seja atingido o quórum, o projeto deverá retornar às origens dos demais poderes da república ou à Assembleia dos Notáveis para os ajustes, devidamente fundamentado pelos conselheiros, com os pontos divergentes, podendo voltar à votação em períodos posteriores.

Os projetos aprovados seguirão para o Conselho Nacional para os encaminhamentos necessários, conforme os trâmites pré-definidos.

Caberá ao Conselho dos Sábios subsidiar o Conselho Nacional, filtrar as informações e decisões, distribuir os processos entre as assembleias do Poder Interativo, avaliar as prestações de contas dos diversos órgãos dos demais poderes e validar as legislações para os demais encaminhamentos dentro do Poder Interativo.

Após as reestruturações dos poderes da república, novos encaminhamentos deverão ser propostos, com os projetos sendo concebidos na Assembleia dos Notáveis.

Todos os conselheiros e parlamentares das diversas esferas que atuarem nas atividades virtuais poderão exercer outras funções remuneradas que não conflitem. As questões de conflito de interesse deverão ser analisadas pela Assembleia dos Notáveis.

É importante cada conselheiro entender que todos têm a liberdade de ficar ou de partir. Ninguém será obrigado a contribuir nas atividades de coordenação. Se a pessoa achar que a função não é para ela, devido ao tempo ou à remuneração, basta seguir outro caminho. Aqueles que forem atuar devem ter zelo, fidelidade, patriotismo e amor à causa da nação. Os gananciosos e corruptos não cabem nessa nova dinâmica, e isso é muito bom.

O Poder Interativo, nas instâncias de coordenação, deve começar dentro de uma dinâmica revolucionária em termos de princípios. Caso contrário, não conseguirá convencer a Assembleia do Povo de sua lealdade nem conseguirá implementar os ajustes nos demais poderes, com supersalários e regados de privilégios.

Cada um deve avaliar sua capacidade de contribuir com a nação por um período. Cada atividade de qualidade abrirá portas para outras atividades futuras importantes. Chegará um tempo em que tudo será muito diferente e a nação terá grande capacidade de contribuir com todo o povo e de fazer elevados investimentos.

4. ASSEMBLEIA DOS NOTÁVEIS DO PODER INTERATIVO

A Assembleia dos Notáveis Nacional será formada por todos os cidadãos com títulos de doutorado, com 55 anos completos ou mais. Nos estados e no Distrito Federal, aqueles com idade até 54 anos. A participação na assembleia é livre, em qualquer horário em que o cidadão desejar participar, sem remuneração, e todas as atividades serão por meio digital. É um grande exercício de patriotismo e cidadania.

A coordenação nacional da Assembleia dos Notáveis será na capital. A mesa diretora será constituída por um presidente, um vice-presidente e dois secretários, com divisão de sexo e sempre alternada. A mesa será eleita pela Assembleia dos Notáveis. Os membros da mesa diretora serão remunerados. Caso sejam necessárias atividades em tempo contínuo ou presencial, aqueles cidadãos selecionados serão devidamente remunerados.

A Assembleia dos Notáveis se renovará dentro do processo de formação de novos membros que concluírem seus estudos. Todos os jovens e demais cidadãos que desejarem ajudar sua pátria no bom caminho da gestão pública deverão seguir seus estudos e compor a Assembleia dos Notáveis e poderão, ainda, chegar ao cargo máximo de conselheiro do Conselho Nacional do Poder Interativo.

Os membros da Assembleia dos Notáveis serão vitalícios, porém livres. Podem atuar ou deixar de atuar, conforme seu entendimento e vontade. Eles terão como grande função eleger os doze membros do Conselho Nacional do Poder Interativo a cada ano, que sairão de suas próprias fileiras.

A Assembleia dos Notáveis é o espaço de ebulição das grandes ideias e propostas para dinamizar a nação. A formação de mais alto grau escolar é para limitar um pouco o grupo e para que seus membros tenham plena capacidade de ajustar as demandas, conforme a necessidade de resolução de desafios técnicos e políticos. Nada precisa ser construído com pressa, mas o que for necessário precisará ser amplamente debatido e justificado tecnicamente, sempre com ênfase no desprendimento e na visão de república.

A Assembleia dos Notáveis em nível nacional contará com profissionais das mais diversas áreas de atuação e estará preparada para revolucionar a forma de governar através de suas coordenações, secretarias segmentadas e definições de políticas.

É claro que as atuações dos cidadãos são limitadas e a participação acontecerá em segmentos em que a pessoa melhor se adequar e em seu tempo de disponibilidade. Não é uma obrigação, mas é a conquista de um grandioso direito e uma forma de ajudar a pátria, ajudar os desprotegidos e, também, a si mesmo.

A Assembleia dos Notáveis formará as diversas secretarias, conforme os segmentos e necessidades, e definirá seus membros por sorteio entre aqueles que desejarem atuar naquela secretaria. As definições devem avaliar uma ampla representatividade, sempre 50% de homens e 50% de mulheres, e um quantitativo que possibilite produzir bons resultados.

A presidência da Assembleia atuará para fazer funcionar todas as secretarias, eleições dos membros do Conselho Nacional e do Conselho dos Sábios, votações e resultados, atividades gerais e de apoio. Exercerá uma coordenação geral dos serviços da assembleia, as definições de atividades, prazos e seus cumprimentos.

Todos os resultados apurados pela assembleia serão repassados para o Conselho dos Sábios, que, sendo aprovados por maioria, com mínimo de 60% (sessenta por cento), encaminhará ao Conselho Nacional para decisão final de votação da Assembleia do Povo.

A Assembleia dos Notáveis deverá estudar os principais temas nacionais e elaborar propostas que comporão o planejamento do país para o curto, o médio e o longo prazo. O planejamento deve envolver as diversas vertentes, além da econômica.

É de responsabilidade da Assembleia dos Notáveis:

- Eleger o Conselho Nacional;
- Eleger o Conselho dos Sábios;

- Eleger os Ministros do STF e demais tribunais;
- Eleger o Procurador-Geral da República;
- Eleger os profissionais das agências reguladoras;
- Eleger os presidentes e diretores do Banco Central e demais presidentes das estatais e órgãos do governo;

O leitor talvez pergunte sobre o porquê de a Assembleia dos Notáveis eleger os membros de diversos cargos e não o próprio Conselho dos Sábios fazer isso. A ideia é não concentrar demasiadamente a decisão sobre uma pessoa, devido aos riscos de pressão dos grupos econômicos e lobistas. Como a Assembleia dos Notáveis é ampla, com milhares ou dezenas de milhares de participantes, os trabalhos fluem com mais questionamentos, debates e maior consenso em seus resultados e decisões.

Inicialmente, a Assembleia dos Notáveis elegerá representantes para os diversos órgãos, mas nenhuma estrutura deve ficar sem passar por uma completa reestruturação visando reduzir custos e avançar na qualidade dos serviços. Principalmente, todo o setor financeiro do país, que por décadas e décadas suga o máximo da capacidade dos cidadãos e não existe nada, absolutamente nada capaz de regular com eficiência para atender o povo empobrecido. Povo empobrecido principalmente pelo próprio setor financeiro com a anuência de diversos setores públicos.

Deverá propor a reestruturação dos demais poderes da república, de todos os órgãos da administração federal, sempre buscando maior eficiência e melhor qualidade dos serviços. O mesmo deve acontecer no nível estadual e municipal, de forma a revolucionar a qualidade dos serviços públicos e entregar resultados à altura do que o povo da nação merece. Sempre buscando produzir mais com menos recursos, automatizando serviços, cruzando informações, combatendo práticas lesivas e propondo novas estratégias para o país.

A Assembleia dos Notáveis deverá não só propor, mas traçar um plano completo de metas e resultados para todos os órgãos reestruturados. Os que não corresponderem devem ser extintos e os funcionários reaproveitados ou demitidos.

Em todas as áreas do conhecimento, deverá a Assembleia dos Notáveis pensar o estratégico para o país, elaborando propostas bem estruturadas com atividades, prazos e metas, recursos financeiros e demais recursos.

O Poder Legislativo continuará com suas atividades legislativas básicas e de rotina e dando apoio ao Poder Executivo. No entanto, a reestruturação definirá exatamente suas funções e seus limites no jogo do poder. Isso quem irá definir é o próprio Poder Interativo.

Então, as atividades da Assembleia dos Notáveis não devem se misturar com as atividades legislativas básicas. A Assembleia dos Notáveis não é um parlamento. Seus membros são perenes, conforme a faixa etária. Ela deve pensar como cérebro criativo, sempre trazendo inovações e caminhando à frente de seu tempo. Dessa forma, sua função básica é criar, inovar, avançar no campo estratégico, antecipar as crises sistêmicas, dar rumo à nação dentro de um espírito republicano.

A sugestão é que ela forme grupos de trabalho e comissões para agilizar as atividades conforme o tema, prazos e a formação dos seus membros.

5. ASSEMBLEIA DOS DEFENSORES DO PODER INTERATIVO

Outra instância para o equilíbrio do Poder Interativo é a Assembleia dos Defensores, formada pelos jovens que atuarão como guardiões da Democracia Interativa. Essa Assembleia será de fundamental importância para que a Democracia Interativa permaneça no seu fiel caminho de avançar sem dominar sobre a população de mais baixa renda, principalmente as crianças, os jovens e as minorias. Um dos seus poderes será o de veto da legislação ou de parte dela, para que o povo aprove somente as leis que estejam de acordo com os princípios da Democracia Interativa de liberdade, justiça social, eficiência dos serviços públicos e humanismo.

A Assembleia dos Defensores será constituída pelos jovens com idade entre 18 e 20 anos para os municípios, de 21 a 22 anos para os estados e de 23 a 24 anos para a União. Devem participar os aptos a votar e que desejarem lutar pela melhoria das condições de vida de toda a população, principalmente a parcela mais necessitada. Todos serão inseridos na Assembleia dos Defensores, mas a participação efetiva é livre, podendo o jovem atuar ou não, assim como os componentes da Assembleia dos Notáveis e da Assembleia do Povo, que também são livres para o exercício da participação.

A coordenação nacional da Assembleia dos Defensores será na capital. A mesa diretora será constituída a cada seis meses por um ente federado. Será composta por um presidente, um vice-presidente e dois secretários, com divisão de sexo sempre alternada. A mesa será eleita pela Assembleia dos Defensores do ente indicado para aquele período. Os membros da mesa diretora serão remunerados. Caso sejam necessárias atividades em tempo contínuo ou presencial, aqueles cidadãos selecionados serão devidamente remunerados.

O mandato da coordenação nacional será de seis meses com nova eleição, revezando os membros por sexo e ente federado. Quanto aos entes federados, realizar-se-á um sorteio para que cada ente assuma a coordenação por um período.

A participação na Assembleia dos Defensores será em qualquer horário em que o cidadão desejar participar, sem remuneração, e todas as atividades serão por meio digital. Em caso de votações, elas ocorrerão por um período de 24 horas diárias, para que cada cidadão se adeque.

A Assembleia dos Defensores e a Assembleia dos Notáveis são grupos de visões diferentes e até antagônicas em algumas situações, pela própria característica de seus membros. Isso gera e aquece os debates e faz nascer muitas propostas diferenciadas por serem enriquecidas pelas diversas perspectivas.

Os jovens da Assembleia dos Defensores, além de atuarem pela defesa do povo de menor renda, também ganharão um grande espaço de prática política positiva e com virtude. Poderão atuar na defesa de propostas que atendam aos anseios dos jovens que necessitam de espaço e de formação, tanto na educação de qualidade quanto nas atividades profissionais, de emprego, de esporte e lazer, tecnologias, entre outros.

O elevado poder da Assembleia dos Notáveis pode resultar, com o tempo, numa busca por mais privilégios por aquele grupo ser composto de cidadãos que têm maior grau de escolaridade e, naturalmente, por ser um segmento de maior renda. Tendo o poder nas mãos, na medida em que a economia avança, podem querer defender seus interesses com mais ênfase do que trabalhar com desprendimento para que todos cresçam. Então, a Assembleia dos Defensores deverá atuar como um contraponto, exigindo transparência e ampliando o debate.

A Assembleia dos Defensores atuará para manter a legislação adequada aos interesses públicos e não sobrecarregar os de menor renda, principalmente na carga tributária e no aumento das dívidas públicas. E essa maioria de menor renda recebe a maior carga tributária proporcional, sofre no exercício das piores atividades, alcança menos direitos, trabalha a maior carga horária e tem os menores salários.

A Assembleia dos Defensores também deve atuar na defesa da renda mínima, no maior equilíbrio na distribuição dos recursos públicos, na denúncia de abusos econômicos e como filtro para que a legislação chegue para votação da Assembleia do Povo após a aprovação da Assembleia dos Defensores.

A Assembleia dos Defensores deve manter a Assembleia do Povo sempre informada e, em caso de algum abuso mais grave, protocolar um pedido de esclarecimento ao Conselho do Poder Interativo, conforme a instância: se municipal, ao Conselho do Poder Interativo Municipal; se estadual ou federal, da mesma forma.

No entanto, apesar da importância do Conselho Nacional, do Conselho dos Sábios, da Assembleia dos Notáveis e da Assembleia dos Defensores, quem aprovará as diversas medidas e validará as decisões será a Assembleia do Povo, formada por todos os cidadãos do país.

A Assembleia dos Defensores e a Assembleia dos Notáveis devem ter espírito republicano de austeridade, honestidade e cuidado com a coisa pública. Os olhos de seus membros devem atingir tudo o que acontece na nação, sempre sugerindo e denunciando em casos de abusos no uso do poder e dos recursos públicos. Da mesma forma, devem avaliar as estruturas que oprimem, assim como as armadilhas criadas para enganar o povo.

É muito importante que os jovens busquem conhecer sobre os impostos e sobre as dívidas públicas para que atuem pela liberdade das gerações futuras. Os modelos de governos existentes no mundo atuam para as elites econômicas, pelos políticos e funcionários públicos de alto escalão. Eles querem sempre mais e de forma infinita. Nenhum recurso é suficiente e toda conta a pagar fica para os de menor renda.

O excesso de controle dos governos na busca por arrecadar, mais e mais, dos pequenos, mata o empreendedorismo criativo, inibe os pequenos produtores rurais e os pequenos empresários. Tributam excessivamente os alimentos, os eletrodomésticos, os maquinários necessários aos pequenos negócios, a energia elétrica, o gás de cozinha, os combustíveis e muito mais. Isso inibe o crescimento da produtividade da economia do país e destrói o poder de compra dos empobrecidos, gera inflação e, por consequência, juros maiores. No final, tira as oportunidades de crescimento da oferta distribuída, matando a concorrência saudável da economia.

Diante disso, a Assembleia dos Defensores precisa buscar um maior conhecimento para poder defender formas diferentes de usar o dinheiro público. Os governos precisam frear os gastos com privilégios para ter capacidade de frear os impostos sobre os empobrecidos. Isso nos municípios, estados e nação.

A busca de conhecimento dos jovens terá nos dados públicos gerados pela Democracia Interativa a sua maior fonte de conhecimento. Os jovens devem mergulhar em todas as informações geradas em todos os órgãos de governo para questionar e buscar mudanças de rumo, se necessário. Os abusos ocorrem em todas as áreas, mas o povo nunca teve os instrumentos que a Democracia Interativa irá oferecer, dificultando a capacidade de reação planejada, focada em valores, indo em cada ponto onde os números não andam bem, de acordo com o desejo do povo.

Todas as propostas aprovadas nas demais instâncias precisarão de aprovação da Assembleia dos Defensores antes de serem validadas pela Assembleia do Povo. Então, os jovens devem se debruçar no entendimento das questões para poderem questionar os possíveis desvios de conduta. Se necessário, reprovem! Se estiver bom, aprovem! Se ocorrerem sugestões, discutam e debatam para que o país evolua.

Lembrem-se sempre de que, nos sistemas políticos atuais, os jovens são importantes para morrerem na guerra. Os ditos líderes não morrem na guerra. Então, não deixem as decisões acontecerem nas mãos de líderes isolados. Busquem sempre as decisões em conjunto e da forma mais democrática possível. Se realmente não existir outra solução para defender a nação a não ser a guerra, que todos estejam conscientes da responsabilidade e que lutem pela pátria. No entanto, os jovens precisam atuar para não deixar a velha política dominar novamente o país e nem continuar gerando uma maioria empobrecida pelo modelo político opressor.

Observem que, sendo o povo soberano no poder político através do Poder Interativo, o poder econômico atuará conforme as regras do jogo definidas por este novo poder político. Lembrem-se de que, no capitalismo, o dinheiro nunca vai embora, se as regras forem claras e se existir demanda pelas mercadorias e serviços. Principalmente, demanda em processo de crescimento.

O mercado e a imprensa, muitas vezes, publicam matérias dizendo que o capital irá embora, buscando enganar e pressionar. Quando a nação tem demanda, se uma empresa for embora, duas novas nascerão do próprio empreendedor nacional ou de outros visionários pelo mundo.

As empresas buscam demanda pelos seus produtos e serviços. Construir uma nação onde a maioria empobrecida comece a crescer, onde os instrumentos de opressão contra ela sejam destruídos, onde os empreendedores se sintam seguros com seus novos negócios, onde os governos sejam parceiros com recursos financeiros em abundância, onde a qualidade nos serviços públicos somente cresça, onde não existam mais os políticos de carreira para atrapalhar e desviar os recursos — o que se poderá esperar dessa nação é a expansão contínua de uma demanda qualificada que atrairá investimentos do mundo todo.

Então, é preciso lutar por isso. É preciso transformar a nação pelo poder do povo. Jamais se deve retornar a esse modelo político espalhado pelo mundo, onde as dívidas públicas sugam a maioria, gerando empobrecidos diariamente, num processo infinito de exploração.

Qual a grande nação do mundo de hoje onde o povo não é vítima do sistema de exploração do endividamento público aliado ao sistema de poder político? Pense e pesquise!

Busquem o percentual da dívida pública de todos os grandes países e verão que todos eles usam esse instrumento para sugar e justificar os cortes contra a maioria do povo, empobrecendo-os! Negando serviços de saúde e educação de qualidade transformadora. Cortando as aposentadorias daqueles sem proteção. Cortando direitos e aumentando tributos sobre os mais fracos.

Na Democracia Interativa, o caminho deve ser outro. Ela será um novo instrumento de transformação pela busca da participação ativa de toda a nação, no seu conjunto, pela prática do debate e do poder descentralizado. Pela liderança dos sábios, homens e mulheres no mesmo nível, pela defesa dos jovens e de todo o povo e com toda a liberdade e a garantia do Estado democrático de direito.

Os jovens e o povo não devem se curvar a ninguém. Eles terão a última palavra em todas as decisões e leis do país, pela justiça social e a plena liberdade democrática.

6. ASSEMBLEIA DO POVO DO PODER INTERATIVO

A Assembleia do Povo é o poder máximo da nação. Todas as instâncias do poder republicano e todos os órgãos e entidades em território nacional estão subordinados às decisões da Assembleia do Povo do Poder Interativo.

A coordenação nacional da Assembleia do Povo atuará na capital federal junto às demais coordenações das demais instâncias do Poder Interativo. A mesa diretora será constituída por um presidente, um vice-presidente e dois secretários, sempre com divisão de sexo alternada. A mesa será eleita pela Assembleia do Povo do ente federado indicado para aquele período. Os membros da mesa diretora serão remunerados. Caso ocorram atividades em tempo contínuo ou presencial, aqueles cidadãos selecionados serão devidamente remunerados.

Não cabe à coordenação decidir e sim coordenar. Quem decide é a Assembleia do Povo. A coordenação recebe os processos das demais instâncias, organiza e submete à votação dentro do período de segunda-feira a domingo. Ao fechar a votação, deverá publicar o resultado de cada processo. Não se devem publicar resultados parciais para evitar influências na votação.

Os processos para votação só podem ser submetidos à votação da Assembleia do Povo depois de aprovados pela Assembleia dos Defensores com margem de 60% (sessenta por cento) dos votantes, que são os guardiões da democracia, evitando as armadilhas nos processos. As instâncias do Poder Interativo aprovam os processos quanto à aptidão, se podem ou não ser submetidos à Assembleia do Povo, com margem positiva de, no mínimo, 60% (sessenta por cento). O mérito é votado pela Assembleia do Povo, cujo resultado deve ser igual ou superior a 60% (sessenta por cento) dos votantes para aprovação. Caso o projeto não seja aprovado, será arquivado.

A participação na Assembleia do Povo será em qualquer horário em que o cidadão desejar participar, sem remuneração, e todas as atividades serão por meio digital. Em caso de votações, elas ocorrerão por um período de sete dias, iniciando sempre à segunda-feira e fechando ao final do domingo, para que cada cidadão se adeque, discuta e vote.

A Assembleia dos Notáveis e a Assembleia dos Jovens devem cuidar para que a legislação seja sobre o tema definido, clara e objetiva. Os "jabutis", que são armadilhas pegando carona existentes em diversas legislações, devem ser extintos para novos projetos. Aqueles aprovados anteriormente devem ser revistos e reavaliados.

7. PLANEJAMENTO E PRIORIDADES DO PODER INTERATIVO

As questões de rumo do país e seu lugar no mundo não são somente em termos econômicos. O país que sairá do planejamento deve ser um país estrategista que tenha claras as questões energéticas e suas políticas, as questões ambientais e suas políticas, as questões de segurança e suas políticas, as questões internacionais e suas políticas, as questões industriais e suas políticas e assim por diante.

O planejamento deve ser debatido amplamente e validado pela Assembleia do Povo, e caberá ao Poder Interativo exigir dos demais poderes da república todas as ações para o cumprimento do que foi planejado.

Todos os esforços deverão se concentrar na busca de grandes realizações nacionais, sempre evitando desperdícios de recursos e aplicando bem as receitas da nação, que serão abundantes com a nova gestão de eficiência.

A questão agora não é se um presidente ou um primeiro-ministro governará bem ou mal. Quem estiver no comando do Poder Executivo cumprirá as metas que o Poder Interativo definiu. É o Poder Interativo que definirá onde a nação irá chegar. A figura do gestor é importante, mas ele poderá ser substituído sem que se alterem os rumos do país.

O primeiro grande movimento de ação do Poder Interativo sobre os demais é o de enxugar os gastos e reverter a curva da dívida pública e dos juros sem ceder um milímetro. Todos os cortes iniciais e geração de receitas devem ser canalizados para esse fim. Depois da reversão, é só manter o processo que ele acelerará naturalmente. Menos juros significa menos dívida no futuro. Resgate de títulos públicos significa queda real da dívida.

Com o processo do endividamento bem encaminhado, todas as outras políticas podem ser reavaliadas em outros patamares, porque a escravidão do país terminará. Daí em diante, tudo se fará com recursos próprios e, se houver exceções, elas exigirão a aprovação do Poder Interativo. Esse esforço será para os entes federal, estadual e municipal, transformando a estrutura econômica governamental.

Então, o primeiro gestor de uma Democracia Interativa deverá ser um agente que saiba atuar no enxugamento do Estado, sem perder o que é estratégico. Essa colocação não é para pensar em privatizar algumas empresas. Essa colocação é para pensar num Estado que poderá privatizar ou não, mas o que fizer terá que gerar resultados positivos com menos gastos e mais receitas sem aumentar os impostos. Isso, tanto na administração direta como na indireta.

O dinheiro público destinado a um serviço será rigorosamente acompanhado para avaliar o seu uso ou a sua aplicação. Isso valerá na saúde, na educação, nos transportes e em toda a gestão. Tudo será redimensionado em nome da eficiência da coisa pública. Mas tudo será feito sem as políticas mesquinhas de congelar ou reduzir salário-mínimo e benefícios sociais aos mais carentes. Isso contraria a vontade da maioria do povo, logo, o Poder Interativo não aprova e já está descartado. O gestor público tem que ter qualidade e técnica para ampliar a produtividade e revolucionar os serviços públicos prestados ao povo.

8. O PODER INTERATIVO ATUARÁ PELA GESTÃO TÉCNICA

O Poder Interativo deverá ser o instrumento de ação do povo da nação e de seus entes federados para proporcionar um modelo de gestão mais técnico. É claro que em toda atuação existe o ingrediente político; no entanto, não é isso que deve predominar.

Deverá atuar contra as armadilhas dos impostos; das dívidas públicas; dos privilégios às pessoas, às empresas ou segmentos; das taxas de juros absurdas; da qualidade ruim da saúde, da educação, dos transportes e de todas as formas de opressão social do governo contra seu povo.

O cidadão deve se sentir coparticipante de todas as decisões da nação. É ele que irá, em conjunto com os demais, fazer o país avançar e ganhar um rumo em direção aos interesses da maioria do povo.

Cada empreendedor que monta seu negócio precisa que a nação, o estado e o município o vejam como parceiro, lhe deem condições de atuar, lhe ofereçam linhas de crédito, cursos, treinamentos, formação e muito acolhimento.

Os pequenos proprietários de terra, os pequenos empresários e os pequenos investidores precisam deixar de ser perseguidos nos seus empreendimentos. Precisa-se de mais orientação e não de proibição e multa.

Os trabalhadores precisam melhorar suas condições de vida ainda nesta vida. Não pode uma pessoa trabalhar 40 ou 50 anos ganhando um salário-mínimo, que melhorou um pouquinho nos últimos 20 anos, mas que está muito aquém das condições de riqueza do Brasil.

As pessoas passam 40 anos ganhando salário-mínimo e os que compõem o décimo mais pobre da população pagam o equivalente a 32,8% em impostos indiretos ao governo, segundo o IPEA-2008, para sustentar privilégios de parte do funcionalismo público e de grandes empresas, subsídios, políticos corruptos, juros e dívidas de governo.

O Poder Interativo deverá corrigir essas distorções de forma técnica por meio dos instrumentos que passará a usar com o objetivo de revolucionar a forma de administrar a coisa pública e dar fim a um modelo dominado pela concentração de renda.

Podem dizer que não tem jeito porque sempre foi assim. Mas foi assim sempre porque o povo não tinha descoberto um instrumento de ação para transformar o jeito de governar.

O Poder Interativo irá transformar o jeito de administrar o dinheiro público, porque terá o poder de demitir quem não trabalha. Terá o poder de fechar um órgão ou de criar outro. Terá o poder de exigir menos impostos para os mais empobrecidos. Terá o poder de cortar milhares de privilégios e privilegiados em toda a nação.

Resumindo, o Poder Interativo será administrado pelo Conselho Nacional com doze membros remunerados. Contará com o Conselho Virtual dos Sábios com 120 (cento e vinte) membros, com a Assembleia dos Notáveis composta por todos os cidadãos com mestrado ou doutorado aptos a votar e vitalícios e com a Assembleia dos Defensores composta pelos jovens de 21 a 23 anos aptos a votarem. E, por fim, contará com a Assembleia do Povo, formada por todos os cidadãos da nação que irão validar ou não todas as atividades definidas pelo Conselho Nacional. Essa estrutura se repetirá nos estados federados e nos municípios acima de 500 mil habitantes. Nos demais municípios não existirá o Conselho dos Sábios.

9. COMPOSIÇÃO GERAL DO PODER INTERATIVO E TRÂMITE DAS INFORMAÇÕES

A ideia inicial é que o Poder Interativo seja exercido de forma plena por todos os contribuintes ativos da nação, conforme sua inscrição na Receita Federal e seu domicílio, unificando os cadastros.

O objetivo é canalizar os recursos públicos para a redução dos gastos. Logo, deve-se buscar unificar os cadastros e automatizar as tarefas possíveis que se enquadrarem no sistema de inteligência artificial.

No caso do Brasil, todos os brasileiros e brasileiras com 16 anos ou mais, homens e mulheres, comporão o Poder Interativo com todas as suas prerrogativas.

Os requisitos são: ser brasileiro e ter o cadastro ativo na Receita Federal. Esse poder será exercido por toda a vida do contribuinte, enquanto ele desejar e for apto.

Será obrigatório o exercício do Poder Interativo? Não será. Todo cidadão será cadastrado e se tornará apto, mas ele poderá optar por usar ou não suas prerrogativas. Se ocorrer qualquer tipo de votação, o cidadão estará convocado, mas será livre para votar ou se omitir.

A questão é: como viabilizar tanta gente votando? Isso já não é mais um problema. No caso do Brasil, a estrutura do sistema será semelhante à do sistema PIX, onde ocorrem mais de 300 milhões de acessos diários em 2025, segundo o Banco Central do Brasil, com pagamentos e transferências bancárias, e em poucos anos alcançará quantitativos muito superiores.

Quanto ao prazo para o cidadão votar, será garantido para cada projeto sete dias com 24 horas por dia. O cidadão precisa de tempo amplo porque a maioria trabalha, estuda ou tem outros afazeres. Durante os sete dias ele, se desejar contribuir com a pátria, dedicará alguns minutos para dar sua opinião por meio do voto.

Observem o seguinte: todos poderão compor o Poder Interativo, no entanto, ninguém é obrigado a participar. O exercício da cidadania nesse aspecto vai depender da pessoa e da forma de pensar do cidadão.

Muitas vozes surgirão para buscar reduzir o Poder Interativo e a Assembleia do Povo, principalmente sugerindo a representatividade para que a Assembleia do Povo seja menor. Tudo isso, no entanto, significa renúncia ao poder conquistado. Jamais o sistema de representatividade será melhor para o povo. Poderá ficar mais fácil para a elite manipular, mas o povo perderá em suas possibilidades de conquistas. Além disso, delegar poder exige escolha por voto, sorteio ou indicação. Logo, a democracia enfraquece e os mais espertos tiram proveito da situação. Se for para errar ou para acertar, que sejam todos juntos.

Além do mais, toda seleção exige trabalho, transparência, leis entre outras coisas. Exige também que o escolhido não seja livre para exercer a atividade. Se você for o escolhido, você terá que comparecer. Isso gera uma série de problemas que podem ser evitados. Então, fica muito mais difícil delegar poderes do que incluir todos e cada um decide se participa, ou quando participa.

O Poder Interativo por meio do Conselho Nacional poderá acessar todas as informações da gestão do país. As informações chegarão via sistema de informação, nos aplicativos do Poder Interativo, e o Conselho distribuirá as instâncias, conforme os critérios predefinidos, sempre por meio digital. Os processos aprovados pela Assembleia dos Notáveis que forem para votação da Assembleia do Povo deverão antes ser aprovados pela Assembleia dos Defensores. Em seguida, o Conselho estará apto a submeter ou não a votação à Assembleia do Povo.

Quanto à questão do entendimento do cidadão, o Poder Interativo pode sempre melhorar os formatos de votações, pode apresentar vídeos de defesa e ataque às propostas, e pode sempre facilitar o voto com o formato de referendo, tipo "sim" ou "não", comando de voz, cores diferentes e outros formatos para facilitar o processo de inclusão de deficientes.

Todos os cadastrados de um determinado município comporão o Poder Interativo Municipal. Como o município está inserido em um estado, o cidadão municipal comporá o Poder Interativo Estadual e, como todo estado está inserido na União, o cidadão também comporá o Poder Interativo Federal. Então, o cadastro do cidadão partirá somente da base, no caso o município.

Todos os instrumentos de atuação desse poder deverão distribuir as possíveis vagas com paridade entre homens e mulheres, sempre por sorteios e se houver aceitação do sorteado. O presidente de qualquer representação não deve votar, para que não ocorra empate. Mas, se em alguma situação o resultado estiver empatado, poderá o presidente apresentar o desempate.

De um modo geral haverá um equilíbrio de sexos na composição do Poder Interativo devido à composição populacional ser bem equilibrada no caso do Brasil, sendo um pouco mais feminina em termos gerais. No entanto, nos estados e municípios poderá ocorrer o contrário. Alguns prevalecerão as mulheres e em outros os homens. De qualquer forma, no caso do parlamento municipal haverá a equiparação.

De forma geral, a mulher será amplamente representada e poderá exercer a plenitude de seus poderes, sendo corresponsável por todas as decisões da nação. Esse fato já é uma verdadeira revolução na organização social.

As atividades do Poder Interativo deverão passar por um sistema de construção do plano de ação. O Plano de Ação deve ser aprovado pelas assembleias dos Notáveis e dos Defensores. As tarefas definidas podem seguir o Plano de Ação, porém, as implementações das ações devem ser aprovadas pela Assembleia do Povo.

Se um plano de ação concluir que se deve criar ou fechar determinado órgão, a ação deve ter a aprovação da Assembleia do Povo. Então, os Planos de Ação devem ser bem elaborados de forma a canalizar para os resultados concretos, validados pela Assembleia do Povo.

Quem definirá a abertura de um Plano de Ação? As assembleias dos Notáveis e dos Defensores podem sugerir a criação de um plano de ação e submetê-los ao Conselho dos Sábios. Se aprovado, seguirá para as comissões, onde será estudado e, posteriormente, aprovado pelas duas assembleias, dos Notáveis e dos Defensores, indo à Assembleia do Povo a decisão final, resultado dos trabalhos de campo elaborados.

10. O SISTEMA DIGITAL NO PODER INTERATIVO

Para o Poder Interativo atuar, ele dependerá da tecnologia do sistema digital com as credenciais de segurança equivalentes ao sistema PIX. Assim como o Pix é para a transferência bancária, o voto dos eleitores será para o sistema do Poder Interativo. Abriu, votou e contabilizou de forma instantânea.

A diferença, no caso do Poder Interativo em relação ao Pix, é que o prazo de votação não precisa findar no mesmo dia. Ela poderá ser aberta em um prazo maior, conforme a necessidade de esclarecimento de cada tema. Dentro daquele prazo estipulado pela legislação, o cidadão irá exercer o seu direito ao voto.

O sistema deverá apresentar a questão a ser votada com as devidas explicações pró e contra para análise do eleitor. Se houver várias questões a serem votadas, elas aparecerão em forma de lista. Aquelas que o eleitor desejar votar, pois o voto será livre, ele se manifesta, abre, analisa e vota. Nas questões em que o eleitor não se sentir apto, ele não vota. Ao findarem os prazos de cada votação, elas desaparecerão da lista de votação automaticamente.

O Poder Interativo deverá divulgar os resultados de cada projeto em votação ao fechamento do prazo.

Vejam que, no modelo de Democracia Interativa, a atuação do eleitor será direta e, na medida em que forem adequadas as demais ferramentas, ampliará a participação dos eleitores na gestão do país e dos demais entes federados.

No início, devem ser votados os projetos extremamente necessários e os aspectos de segurança devem ser rigorosamente auditados, assim como no sistema do Pix. Ao ocorrer uma eventual invasão, o sistema precisa fazer as consistências necessárias. Se alguma votação sofrer um ataque, deverá ser refeita seguindo os protocolos de segurança do sistema.

O mesmo sistema possuirá os módulos para as atividades do Poder Interativo nos estados e municípios. Assim, todas as ações que ocorrerem no país serão monitoradas pelo Poder Interativo, mantendo todos os cidadãos bem-informados.

Quando o Poder Interativo for inserido na Constituição Federal, deverá vir acompanhado dos critérios para aprovação das diversas matérias, proporcionando maior transparência e segurança aos trabalhos.

11. ORGANIZAÇÃO DO PODER INTERATIVO NOS ENTES FEDERADOS

O Poder Interativo deverá existir em todos os entes federados integralmente, sendo implantado nos Municípios, nos Estados, na União e no Distrito Federal.

Não é possível implantar somente em um ente federado. É necessária uma completa mudança de mentalidade. Os entes federados são interligados em todos os processos e legislações. As eleições também são interligadas, assim como os novos métodos de trabalho.

11.1. O PODER INTERATIVO FEDERAL

O Poder Interativo será o poder soberano do povo da nação. Ele será instituído por emenda constitucional especificando sua estrutura para todos os entes federados. No âmbito federal, o Poder Interativo contará com:

a) Um Conselho do Poder Interativo: formado por 12 membros eleitos pela Assembleia dos Notáveis, sendo 50% homens e 50% mulheres.

b) Um Conselho dos Sábios: formado por 6 membros por estado e Distrito Federal, eleitos pela Assembleia dos Notáveis e que compõem suas fileiras, sendo 50% homens e 50% mulheres. Os membros da Assembleia dos Notáveis em nível nacional de cada ente federado escolherão seus representantes ao Conselho Nacional.

c) Uma Assembleia dos Notáveis: formada por todos os cidadãos com título de mestrado e doutorado do país, aptos a votarem, com 55 anos completos ou mais.

d) Uma Assembleia dos Defensores da Democracia Interativa: formada por cidadãos de 23 a 24 anos, aptos a votarem.

e) A Assembleia do Povo: formada por todos os cidadãos do país aptos a votarem.

A Emenda Constitucional já ordenará a construção do sistema informatizado de gestão – os aplicativos e todo o aparato de segurança digital – em regime de urgência, para o funcionamento pleno do Poder Interativo.

A Assembleia dos Notáveis, pela primeira vez convocada, atuará para:

a) Eleger o primeiro Conselho do Poder Interativo, que será responsável pela coordenação das atividades.

b) Elaborar a proposta da primeira Constituição da República Democrática Interativa com a coordenação do Conselho Nacional para ser submetida à Assembleia dos Defensores e, posteriormente, à Assembleia do Povo.

A Assembleia dos Defensores da Democracia Interativa aprovará ou não as propostas da Assembleia dos Notáveis antes de serem encaminhadas ao Conselho para serem submetidas à Assembleia do Povo.

A função da Assembleia dos Defensores da Democracia Interativa é a de manter a aplicação dos princípios da Democracia Interativa nas legislações, evitar desvios ou armadilhas para o povo votar e denunciar práticas abusivas ao Ministério Público no sistema econômico e na máquina pública dos entes federados.

O Conselho Nacional do Poder Interativo:

a) Submeterá o texto primeiro à aprovação da Assembleia dos Notáveis com um mínimo de 60% de aprovação dos eleitores válidos.
b) Submeterá o texto à aprovação da Assembleia dos Defensores da Democracia Interativa com um mínimo de 60% de aprovação dos eleitores válidos.
c) Submeterá a proposta do texto à aprovação da Assembleia do Povo com um mínimo de 60% dos votos válidos.

Caberá aos demais poderes da república — executivo, legislativo e judiciário — se submeterem às decisões do Poder Interativo Federal dentro dos limites constitucionais.

Todos os poderes atuarão para a construção de uma nação soberana, eficiente e eficaz, com patriotismo e muita transparência no uso da coisa pública.

11.2. O PODER INTERATIVO ESTADUAL

O Poder Interativo Estadual será o poder soberano do estado. Sua estrutura é definida pela constituição do país. No âmbito estadual, o Poder Interativo contará com:

a) Um Conselho do Poder Interativo: formado por 12 membros eleitos pela Assembleia dos Notáveis;

b) Um Conselho dos Sábios: formado por 1 membro por município conforme o sexo pré-definido, para o equilíbrio entre homens e mulheres;

c) Uma Assembleia dos Notáveis: formada por todos os cidadãos mestres e doutores com idade até 54 anos daquele estado;

d) Uma Assembleia dos Defensores: formada por jovens de 21 a 22 anos, eleitores aptos;

e) A Assembleia do Povo: formada por todos os cidadãos do estado aptos a votar.

O planejamento da política estadual para os diversos temas será elaborado pela Assembleia dos Notáveis Estadual. Deve abordar a economia, a saúde, a educação, a infraestrutura, o setor financeiro, as estruturas do governo, a segurança pública, a seguridade, o meio ambiente, a política tecnológica e diversos outros temas.

O estado deve ser pensado para gastar menos e investir mais com recursos próprios. A política tributária dos estados no Brasil sobrecarrega demasiadamente as camadas mais vulneráveis, com renda de até dois salários-mínimos.

O principal tributo dos estados — o ICMS — está a cada ano mais proibitivo, com alíquotas que ultrapassam os 20% e até 30% sobre alguns produtos essenciais à economia, como o combustível, a energia elétrica e outros. A tarifa média é de 17% para alguns estados até 22,5% para outros (SIMTAX, 2025).

A implementação da reforma tributária, já aprovada, irá mudar os nomes e a quantidade dos tributos. No entanto, para a metade do povo de menor renda, não existem vantagens. Eles continuarão pagando a conta da gastança desenfreada de todos os entes federados. Essa mudança jamais acontecerá nesse sistema político atual, porque o jogo de forças é desproporcional e beneficia as elites políticas, os altos comandos do funcionalismo público e os de maior renda.

Os percentuais tributários atuais demonstram que o estado é um grande gastador, em função do modelo político, e sobrecarrega os mais empobrecidos, com renda de até dois salários-mínimos. Jamais o Brasil alcançará uma grande ascensão social com tributos nestes níveis. A Assembleia dos Notáveis deverá repensar o país, enxugando drasticamente a máquina pública, que aumenta os gastos sem limites, pressionando a necessidade de mais receitas e, logo, mais impostos. O ICMS ou o novo IVA é um imposto entre dezenas no Brasil.

Essa política tributária existe em função do modelo político, onde o gestor procura fazer mais para se reeleger. Logo, sempre quer arrecadar mais e gastar mais. Sempre aumenta a máquina pública em tamanho e em valores para atender à classe política. Isso é infinito e não tem freios. Ou se rompe com o modelo político para construir uma nova estrutura planejada e transparente, que busque maior produtividade e menos impostos, ou a nação permanece presenteando a elite política e econômica com a sobrecarga de trabalho, sofrimento, exploração e impostos.

Dessa forma, as nações atravessam séculos e mantêm a grande maioria da população na pobreza ou à margem dela. Como isso é eterno, todos se acostumam, acreditando que é assim mesmo e não tem jeito. É, na visão das pessoas simples, o destino. Mas isto pode ser muito diferente.

Não adianta trocar governos sem uma mudança estrutural. Como se consegue empreender um negócio de sucesso se o que seria o grande mercado consumidor do estado ou do país se encontra esmagado, com 2/3 da população vivendo de renda mínima?

Um ou outro negócio consegue sobreviver porque tem uma melhor estratégia, mas isso não transforma — não é o normal dos empreendimentos, é a exceção. De fato, o Brasil construiu governos que matam em todas as esferas do poder. Segundo a Receita Federal do Brasil (2017), o país se classifica nas primeiras posições, historicamente, entre os países que mais tributam sobre as mercadorias e serviços, através do modelo de tributação indireta sobre a população.

Acontece que essa tributação se encontra nos estados de forma mais evidente e forte. Por isso, o Brasil assiste a uma diversidade de países avançarem mais, empreenderem mais, desenvolverem melhores tecnologias, elevarem mais suas rendas e, alguns que eram mais pobres que o Brasil na década de 1980, atualmente se tornaram potências. Exemplos: Coreia, Malásia, China, Singapura e outros. Esses países sofrem também com a tributação, mas bem menos que o Brasil.

Observem os estados mais endividados do Brasil, segundo o Tesouro Nacional: Rio de Janeiro, Rio Grande do Sul, Minas Gerais e São Paulo. O Rio de Janeiro foi agraciado com o petróleo, que fez a receita estadual se multiplicar. Para que serviu? É o que mais deve, e de forma avassaladora. Observem que sempre os governos irão querer mais receitas, e isso não resolverá, como não resolveu para o Rio de Janeiro. (TESOURO, 2025).

O modelo político foi construído para atender os políticos e a elite econômica de forma a perpetuar a riqueza e o poder. Então, a sociedade, de um modo geral, sustenta esse modelo que atuará sempre no limite. Sempre aumenta gastos e sempre busca mais impostos, e assim sucessivamente.

Olhar o país é também olhar os entes federados. Todos sofrem do mesmo problema. Alguns conseguem ser melhores em algumas fases, mas todos são unânimes em tributar exageradamente os de menor renda. É uma exploração sem fim!

Esse quadro exige da Democracia Interativa um planejamento radical de transformação do modelo e de forma a não permitir seu retorno. O país que mata, o estado que mata e o município que mata precisam ser transformados para serem parceiros da população, principalmente dos 2/3 mais vulneráveis e empobrecidos.

Isso não significa somente fazer reforma tributária. Reformas já são feitas para ampliar os impostos em diversas épocas. O que precisa é reestruturar o sistema de governo para gastar muito menos e possibilitar simplificar, reduzir e eliminar impostos indiretos que matam os empreendedores pequenos e escravizam a população vulnerável.

O sistema político que permite a permanência no poder dos profissionais da mentira jamais irá fazer tais reformas estruturais. Quando fazem, é no tributo que beneficia as elites. Dessa forma, os estados, no caso do Brasil, são os maiores sugadores de recursos das populações mais vulneráveis, empobrecendo-as ainda mais.

Entendem como o povo está escravizado? O pior é que não existe um caminho dentro desse modelo político. O mesmo acontece na grande maioria das nações pelo mundo. O modelo é ótimo para os políticos e a elite econômica, que extraem tudo que podem, amontoando tesouros. Do outro lado, a vida é sofrida, as crianças choram, o barraco cai, a comida é escassa, o tráfico bate à porta oferecendo oportunidades no outro mundo do crime, só que é do lado que mata e morre. Do lado que só mata, parece que a proteção é maior.

11.3. O PODER INTERATIVO MUNICIPAL

O Poder Interativo Municipal será o poder soberano do município. Sua estrutura é definida pela Constituição do país. No âmbito municipal, o Poder Interativo contará com:

a) Um Conselho do Poder Interativo formado por:

    a. Doze membros eleitos pela Assembleia dos Notáveis para os municípios com mais de um milhão de habitantes.

    b. Nove membros eleitos pela Assembleia dos Notáveis para os municípios com mais de 100.000 até um milhão de habitantes.

    c. Seis membros eleitos pela Assembleia dos Notáveis para os municípios com mais de 10.000 até 100.000 habitantes.

    d. Três membros eleitos pela Assembleia dos Notáveis para os municípios com até 5.000 eleitores.

b) Um Conselho dos Sábios formado por:

    a. 30 membros para os municípios com mais de um milhão de habitantes.

c) Uma Assembleia dos Notáveis formada por:

    a. Cidadãos, mestres e doutores, acrescidos ou não de um quantitativo de graduados por faixa etária predefinida, conforme as características municipais.

d) Uma Assembleia dos Defensores formada por jovens de 18 a 20 anos, eleitores aptos.

e) A Assembleia do Povo formada por todos os cidadãos do município que forem eleitores aptos.

Da mesma forma que nas esferas federal e estadual, o Poder Interativo Municipal deve planejar uma ampla reestruturação do município para permitir a redução dos tributos e fomentar os novos negócios.

O gestor municipal deve cumprir o planejamento do Poder Interativo ou ser substituído imediatamente. Por isso, é importante que o mandato seja mais curto também no município, de no máximo dois anos. Se for ainda menor, melhor, devido ao desapego necessário em relação à área pública. A estrela do município deve ser o povo, e não o político. O trabalho das instâncias do Poder Interativo deve ser estruturar um planejamento exemplar e acompanhar de perto sua execução. Ao passar um gestor e entrar outro, todos estarão contribuindo para cumprir as metas e elevar a qualidade de vida da população de forma transformadora.

A Assembleia dos Defensores, formada pelos jovens, deve exigir espaços e oportunidades no mundo da educação, da tecnologia e dos negócios estratégicos. Caso contrário, o município estará condenado ao fracasso ou apresentará baixo crescimento e baixo desenvolvimento futuro.

CAP. 4

O PODER EXECUTIVO

1. PODER EXECUTIVO FEDERAL

O Poder Executivo cumprirá o planejamento definido pelo Poder Interativo. Suas primeiras ações serão de reestruturação com forte redução de custos. E o executivo será um gestor que passará, prestará um serviço à nação e não mais voltará ao mesmo poder, podendo ser eleito após dois mandatos para outras funções.

O Poder Interativo elegerá um presidente para representar o Estado nas relações internacionais e um primeiro-ministro para a gestão, isto é, um gestor público. O gestor público deverá executar o orçamento aprovado pelo Poder Interativo e ser substituído a cada dois anos, assim como o presidente. Se o gestor for um homem, o presidente será uma mulher, e vice-versa.

Um novo presidente e um novo primeiro-ministro serão eleitos para dar continuidade às atividades. O administrador público não terá poder sobre o orçamento. Deverá ser um gestor do que está posto e deverá ajustar a máquina do Poder Executivo às exigências orçamentárias. A gestão é de um programa definido pelo povo. O executivo é apenas um gestor que pode até sofrer desgaste na tomada de decisões, mas que está cumprindo sua função.

Esse modelo de gestão funciona para o sistema onde não existe a carreira política. Caso contrário, seria inviável, porque o gestor público trabalhará como técnico e não como político. Ele não precisa agradar nem ceder. Sua prestação de contas é para o Poder Interativo.

Para a sociedade, não deve existir mais aquela ideia do grande político que fez isso ou aquilo. Agora é o povo que faz de verdade. Agora é o povo que define o que será construído ou destruído. O gestor do Poder Executivo é um subordinado do povo cumprindo sua função e sendo pago pela República pelo serviço prestado. É um gestor importante e com muito poder, mas está apenas de passagem e não mais voltará àquele cargo.

O gestor do Poder Executivo não poderá contrair novos empréstimos públicos nem elevar os impostos, além do que estiver especificado no orçamento validado pelo Poder Interativo.

Ele deverá fazer um enorme esforço para criar superávit, cortando subsídios em todas as áreas, reestruturando toda a máquina pública, automatizando serviços, cortando todos os privilégios do sistema público, autorizados pelo Poder Interativo. Também poderá suspender novas contratações de pessoal e serviços e não iniciar novas obras de imediato, até que a curva de pagamento de juros decline para negativo e a dívida literalmente comece a diminuir, isto é, em valor absoluto e não somente em percentual do PIB ou da renda nacional.

A estrutura do Poder Executivo deverá ser repensada para um governo federal que tenha apoio para executar suas tarefas, onde a oposição será muito diferente do modelo de barganha que existe nos sistemas atuais.

Outro ponto é que a força virá do Poder Interativo e por decisões da Assembleia do Povo, que é um poder soberano, e não caberá a outro impedir. Então, não haverá a obrigação de negociar cargos por votos.

Cada um dos gestores federais deverá dar continuidade às atividades seguindo o planejamento do Poder Interativo. As mudanças e reestruturações ocorrerão gradativamente, num processo de continuidade, avaliando o desempenho das transformações implementadas.

2. AS ELEIÇÕES DO EXECUTIVO FEDERAL

Todos os cidadãos, com qualquer grau de estudo, poderão se candidatar, apresentando seu nome e currículo para presidente ou primeiro-ministro. O Parlamento selecionará os cinco mais votados para cada cargo, sendo homens para um e mulheres para outro. Na eleição seguinte, inverte-se o sexo.

A ideia é que o parlamento faça uma pré-seleção, como um primeiro turno, devido à liberdade dos cidadãos de se colocarem como candidatos. Isso pode gerar muitos candidatos, o que dificultaria o processo eleitoral direto.

O parlamento federal selecionará, dentre os candidatos, cinco na ordem de votação. Os cinco selecionados pelo parlamento seguirão para seleção da Assembleia do Povo. O mais votado será o gestor federal ou primeiro-ministro.

Se ele não concluir o mandato de dois anos, realiza-se nova seleção de candidatos e repete-se o processo. Em caso de ausência, assume o presidente do Parlamento.

Para o presidente do país, que responderá pela pauta internacional, na sua ausência responde o primeiro-ministro.

3. PODER EXECUTIVO ESTADUAL

No caso do governador do estado, todos os cidadãos que desejarem e estiverem aptos poderão se candidatar, conforme o sexo definido para aquele pleito no estado. Numa eleição, os homens; em outra, as mulheres.

Dos diversos candidatos, caso haja mais de cinco, o parlamento estadual selecionará, dentre os candidatos, cinco na ordem de votação. Os cinco selecionados pelo parlamento seguirão para seleção da Assembleia do Povo. O mais votado será o governador.

Caso o governador seja destituído ou se afaste por qualquer motivo, assume o presidente do parlamento, e o conselho do Poder Interativo Estadual convoca novas eleições em 30 dias para complementação do mandato. Não deve existir a figura do vice, que raramente trabalha e custa caro ao povo.

O governador eleito terá o cargo remunerado por valor a ser definido pelo Poder Interativo Nacional.

Lembrem-se de que todos votarão de seu próprio lugar por via digital e terão um prazo para exercer o voto, a ser definido pelo Poder Interativo Nacional, prazo igual para toda a nação. Para as pessoas que não possuírem meios eletrônicos ou onde faltar sinal de comunicação, serão utilizados os equipamentos públicos distribuídos pelo governo nos locais predefinidos, usando a senha estabelecida.

As contas do governador deverão ser aprovadas pelo parlamento estadual e validadas pela Assembleia do Povo. Caso não sejam aprovadas, o conselho estadual deverá acionar o Ministério Público para possíveis investigações.

4. PODER EXECUTIVO MUNICIPAL

No caso do gestor municipal ou prefeito, todos os cidadãos que desejarem e estiverem aptos poderão se candidatar, conforme o sexo definido para aquele pleito no município. Numa eleição, os homens; em outra, as mulheres.

Dos diversos candidatos, caso haja mais de cinco, a Assembleia Municipal selecionará, dentre os candidatos, cinco na ordem de votação. Os cinco selecionados pela Assembleia seguirão para seleção da Assembleia do

Povo. O mais votado será o prefeito. Não deve existir a figura do vice, que raramente trabalha e custa caro ao povo.

Caso o prefeito seja destituído ou se afaste por qualquer motivo, assume o presidente do parlamento, e o conselho do Poder Interativo Municipal convoca novas eleições em 30 dias para complementação do mandato.

O gestor eleito terá o cargo remunerado por valor a ser definido pela Assembleia do Povo Municipal, dentro dos limites definidos pelo Poder Interativo Nacional.

Lembrem-se de que todos votarão de seu próprio lugar por via digital e terão um prazo para exercer o voto, a ser definido pelo Poder Interativo Nacional, igual para toda a nação. Para as pessoas que não possuírem meios eletrônicos ou onde faltar sinal de comunicação, serão utilizados os equipamentos públicos distribuídos pelo governo nos locais predefinidos, usando a senha estabelecida.

As contas do prefeito municipal deverão ser aprovadas pelo parlamento municipal e validadas pela Assembleia Municipal. Caso não sejam aprovadas, o conselho municipal deverá acionar o Ministério Público para possíveis investigações.

CAP. 5

O PODER LEGISLATIVO

O poder legislativo se concentrará no debate e na criação das leis, cuja validação final passará pelo Poder Interativo. Então, o Poder Legislativo terá seu poder limitado para evitar os enormes abusos que ocorrem em todo o mundo no sistema representativo. A estrutura do legislativo será definida pelo Poder Interativo, devendo ficar restrita à elaboração da legislação, cortando todos os excessos.

Será apresentada uma proposta do Poder Legislativo que servirá de transição por algum tempo. Quando o Poder Interativo da nação achar adequado, ajusta-se o sistema. Isso porque, ainda que o poder representativo seja proporcionalmente menor na Democracia Interativa, ele traz consigo os resquícios da velha política com seus vícios.

Para o avanço pleno da Democracia Interativa, é bom que todo resquício da velha política seja eliminado, para que os caminhos de uma nova governança, com valores e virtudes, sejam pavimentados.

Sendo assim, o Poder Interativo poderá fazer os ajustes na representatividade e mantê-la por um ou mais mandatos até que o modelo definitivo seja implementado.

1. COMPOSIÇÃO DO PODER LEGISLATIVO

O Poder Legislativo será composto por distribuição igualitária de sexo: 50% (cinquenta por cento) de homens e 50% (cinquenta por cento) de mulheres em todas as esferas e em todas as representações, comissões, secretarias e seus derivados.

A composição por sexo revoluciona o olhar exercido pelo poder legislativo e traz a mulher para o centro das decisões legislativas. Isso abrirá uma imensidão de novas ideias e conquistas na nova organização social e na elaboração das leis.

Falar, prometer ou distribuir algumas vagas às mulheres é algo muito aquém do que, de imediato, tornar a mulher efetivamente o centro do poder com paridade em relação aos homens.

A participação da mulher será equivalente à dos homens, tanto no Poder Interativo quanto no Poder Legislativo, marcando uma nova era para o exercício da administração pública e da democracia.

O Poder Legislativo será um poder de representantes eleitos pela Assembleia do Povo do Poder Interativo. Poderá ser denominado como Congresso de Representantes Federados. É importante manter o quantitativo enxuto devido às restrições nas funções, com a absorção pelo Poder Interativo de diversas prerrogativas. Dessa forma, o custo do Poder Legislativo fica bastante reduzido e amplia-se a capacidade do Estado de eliminar as dívidas.

2. O PODER LEGISLATIVO FEDERAL

A Assembleia do Povo elegerá os parlamentares para o mandato de dois anos. O Poder Legislativo Federal poderá ser exercido por uma única casa, sendo unicameral. Considerando que o povo em geral exercerá o Poder Interativo, o Parlamento Federal poderá manter um quantitativo igual por unidade da federação. No caso do Brasil, mantenha-se o modelo de representação do Senado Federal como parlamento, ajustando os quantitativos, mandatos e funções.

As funções da Câmara dos Deputados e do Senado Federal que não forem absorvidas pelo Poder Interativo serão assumidas pelo novo parlamento.

É preciso entender que o Poder Legislativo terá sua função mais restrita à criação das leis e votações de medidas e projetos do Poder Executivo.

O Poder Executivo, no caso do Brasil, trabalha sempre no desespero e sempre necessitando de aprovações de projetos de lei e de medidas provisórias, exatamente porque o modelo privilegia o improviso. O improviso gera moeda de troca. Mas com o novo sistema, essa modalidade cairá em desuso e o parlamento trabalhará menos, com mais eficiência e sem moeda de troca.

Quando a nação trabalha com planejamento e não está subordinada ao endividamento público, não existe a necessidade de medidas provisórias buscando arrecadar e construir remendos na legislação. Isso é reflexo do próprio modelo ineficiente.

O Parlamento poderá funcionar com votações virtuais, permanecendo na capital federal apenas a mesa diretora e os presidentes das comissões.

A Assembleia do Povo definirá os subsídios dos parlamentares, tanto os presenciais quanto os virtuais. A sugestão é que a função virtual seja 40% (quarenta por cento) da função presencial, devido à carga horária ser também muito inferior.

Para cada parlamentar será eleito um suplente que poderá exercer o voto, caso o titular se omita, automaticamente.

Se a opção for somente por parlamento presencial, deve-se reduzir o quantitativo. Caso seja misto, pode-se ampliar a participação. No Brasil, a representação é de três por unidade federativa, o que é um bom número, mas dificulta a divisão por sexo. Caso se opte pela forma virtual, pode-se estender para seis parlamentares por unidade federativa.

No caso do Brasil, que iniciou em 2025 entre as duas casas legislativas com 594 representantes, sendo 18% mulheres e 82% homens, passará a contar com representantes distribuídos entre homens (50%) e mulheres (50%).

Os parlamentares receberão ajuda de custos para o exercício da função, a ser definida pelo Poder Interativo.

A aposentadoria será por meio da Previdência Social (INSS), como os demais trabalhadores da iniciativa privada.

Plano de previdência privada correrá por conta do parlamentar, evitando desperdício do dinheiro público e proporcionando economia para a redução do endividamento público.

O sistema de saúde do Poder Legislativo em todas as esferas será pelo Sistema Único de Saúde. Plano de saúde particular deverá ser arcado pelo parlamentar. Essa prática será fundamental para que se aprimore a saúde pública em todo o país. Vivendo a experiência do povo, se conhece e se avalia a qualidade dos serviços públicos.

Nenhum parlamentar federal poderá ser reeleito nas próximas duas eleições em qualquer esfera do poder, pondo fim ao trampolim político. Isso é fundamental por uma série de motivos e experiências negativas do Poder Legislativo.

A Democracia Interativa deve evoluir na forma da representatividade, na alternância de poder, na descentralização do poder, no fim das verbas e emendas parlamentares visando o "curral" eleitoral, no aumento da produtividade e na redução de custos. A reeleição impede todos esses avanços. Por isso, seu fim deverá ser decretado pelo Poder Interativo, que é o poder soberano da nação. Não caberá ao parlamento a decisão em causa própria.

Toda a economia em todas as esferas do poder, inicialmente, deve ser convertida para o abatimento da dívida pública de forma a acelerar a mudança de paradigma. Após findar a questão da dívida, a economia de recursos deverá ser direcionada para a redução dos impostos indiretos sobre os consumidores, alavancando o empreendedorismo e fortalecendo o mercado consumidor.

Quanto às campanhas políticas para o parlamento, serão somente via plataforma digital oficial para essa finalidade. Não existirá verba pública exclusiva ou privada para campanha eleitoral parlamentar.

O mandato do parlamentar federal terá duração definida pelo Poder Interativo e será exercido via presencial e via virtual em plataforma digital específica para essa finalidade. Da mesma forma, as comissões parlamentares.

Poder encurtar os mandatos é melhor para o processo democrático e para a morte do sistema antigo de políticos profissionais. O tempo mais curto no poder evita a corrupção e a manipulação para se perpetuar. É preciso evitar e combater a criação de uma "espécie" que traz perigo à democracia. O combate será ampliando o exercício democrático e reduzindo a permanência no poder.

Somente terão presença física no parlamento a mesa diretora e os presidentes das comissões. Os demais parlamentares trabalharão de forma virtual direto de seus municípios nos horários agendados. As votações podem ocorrer nos horários noturnos e finais de semana. Os projetos não precisam de votação instantânea. Eles podem ficar disponíveis para votação durante a semana. Na hora possível de cada parlamentar, ele efetua a votação.

Esse modelo permite ao parlamentar cuidar da vida em outras funções. É preciso aprender com a juventude mais pobre, que trabalha durante todo o dia e à noite vai para a escola ou a faculdade, além de passar os finais de semana sobre os livros em função das provas.

O seu país precisa de você por um tempo como parlamentar e você deve dar o bom exemplo para os mais jovens e as crianças. Assim, todos aprenderão desde cedo a lutar pela nação, em vez de construir um parlamento "sem-vergonha", onde prevalecem a falcatrua, as negociatas, a propina e toda a podridão de seres gananciosos.

As sedes do Poder Legislativo Federal serão usadas como estrutura de apoio para o desempenho das funções do Legislativo e do Poder Interativo. Devem contar com quadro de funcionários, equipamentos e tecnologia de ponta para o bom desempenho das atividades.

Todas as tarefas, serviços, locações, imóveis, entre outros, deverão passar por aprovação do Poder Interativo, buscando ampliar sempre a produtividade e evitando desperdício do dinheiro público.

A prestação de contas deverá ser aprovada pela Assembleia dos Notáveis, Assembleia dos Defensores e Assembleia do Povo.

O parlamento funcionará todos os meses do ano, tendo o parlamentar direito a férias de 30 dias durante qualquer mês do ano seguinte, assumindo em seu lugar o suplente.

Todo o arcabouço de funcionamento do parlamento — subsídios, ajudas de custo, salários, encargos, estruturas de comunicação e transporte, viagens e demais itens — deve ser submetido à aprovação do Poder Interativo e deverá ser revisado a cada ano, sempre na busca por reduzir custos para a nação.

3. O PODER LEGISLATIVO ESTADUAL

O Poder Legislativo Estadual será virtual e constituído de um representante por município, mais um representante a cada quantitativo de habitantes, conforme tabela a ser definida pelo Poder Interativo Nacional. Nos estados com número elevado de municípios, poderá o Poder Interativo definir o parlamentar por distrito regional. No entanto, como as atividades são virtuais, o sistema funcionará sem problemas com uma representação maior.

O Poder Legislativo Estadual será exercido por meio da plataforma digital, nos horários e na frequência definidos pelo Poder Interativo Estadual.

Para cada parlamentar titular será eleito um suplente do mesmo sexo. Sempre que o titular se omitir em uma votação, poderá o suplente exercer o voto.

O parlamentar estadual terá direito a subsídio, conforme definido pelo Poder Interativo Nacional.

O parlamentar estadual poderá ser exonerado da função por solicitação própria ou por decisão do Poder Interativo Estadual.

Caberá ao município proporcionar local adequado de trabalho ao parlamentar estadual que o representa diretamente e atua por via digital.

A omissão por três votações seguidas poderá resultar no desligamento do parlamentar, assumindo o suplente, conforme definição do Poder Interativo Federal.

As contas do parlamento serão aprovadas ou não pelo Poder Interativo. Já as contas do executivo serão aprovadas pelo parlamento estadual e validadas, ou não, pelo Poder Interativo. Caso não sejam aprovadas, será acionado o Ministério Público. Nesse caso, a Assembleia do Povo aprova ou não o relatório com o parecer do parlamento. O mesmo deverá acontecer nos municípios com as contas dos prefeitos municipais.

4. O PODER LEGISLATIVO MUNICIPAL

O Poder Legislativo Municipal será eleito pela Assembleia do Povo do município e será exercido por meio da plataforma digital, nos horários e na frequência definidos pelo Poder Interativo Municipal.

O prazo de votação das atividades do parlamento municipal deverá ser superior a vinte e quatro horas para que todos tenham oportunidade de votar e participar.

Terá a sua representação definida em uma tabela elaborada pelo Poder Interativo, podendo iniciar com um parlamentar a cada 500 habitantes, com um número mínimo de onze parlamentares para os menores municípios com população abaixo de 5.500 habitantes.

Se em uma legislatura a composição ímpar prevalecer com maioria de homens, na próxima deverá ser maioria de mulheres. O presidente somente exerce o voto em caso de empate.

Para cada parlamentar titular será eleito um suplente do mesmo sexo. Sempre que o titular se omitir em uma votação, poderá o suplente exercer o voto.

Somente a mesa diretora poderá ter salário, que será definido pelo Poder Interativo Municipal. Não haverá reeleição, exceto nos casos em que não houver interessados no cargo, devendo o Poder Interativo Municipal autorizar a reeleição.

O parlamentar municipal terá a função de legislar pelo município e, em caso de necessidade, acionar o Poder Interativo Municipal.

O parlamentar municipal poderá ser exonerado da função por solicitação própria ou por decisão do Poder Interativo Municipal.

A omissão nas votações pode acarretar a exoneração do parlamentar, conforme definido pelo Poder Interativo.

As contas do prefeito serão aprovadas pelo parlamento municipal e validadas, ou não, pela Assembleia do Povo. Caso não sejam aprovadas, será acionado o Ministério Público. Nesse caso, a Assembleia do Povo aprova ou não o relatório com o parecer do parlamento.

CAP. 6

O PODER JUDICIÁRIO

O Poder Judiciário deverá ser reestruturado para prestar mais serviços com menor custo. Essa nova estrutura deverá dar agilidade aos processos, respostas rápidas às pequenas demandas da base da sociedade, acesso fácil para todos os brasileiros de menor renda aos serviços e tribunais.

Os juízes responderão pelos seus atos como os demais cidadãos. Toda a estrutura de privilégios do Poder Judiciário deverá ser revista pelo Poder Interativo, com o objetivo de eliminar os excessos existentes e efetivar uma firme prestação de contas.

Por meio de processo de seleção em nível nacional e estadual para os cargos do judiciário, poderá o Poder Interativo ampliar as vagas com juízes provisórios e defensores públicos provisórios, levando o Poder Judiciário às camadas de menor renda com decisões em tempo mais humano.

As contratações deverão ocorrer por processo de seleção para um banco de reservas. A União e os estados poderão se servir desse banco de reservas, seguindo a ordem de classificação, para suprir as vagas por contratação celetista e, gradativamente, eliminar o modelo de efetivação pública, que deverá se resumir a um mínimo estratégico a ser definido pela Assembleia dos Notáveis.

Esse mesmo modelo deverá ser adotado em todas as esferas de governo dentro de uma programação estratégica, cujo objetivo é praticar novas modalidades salariais e de benefícios sem afrontar as camadas mais vulneráveis da sociedade, que não possuem condições mínimas de renda e de benefícios e ainda pagam elevados impostos indiretos para sustentar a máquina pública de baixa eficiência.

O atual modelo de funcionários efetivos existe para evitar perseguições políticas e para dar autonomia de ação ao funcionalismo público. Mas, com a Democracia Interativa, não existirá a necessidade de se proteger da perseguição dos políticos, pois estes estarão subordinados ao Poder Interativo.

O Poder Interativo deverá ter como referência a metade mais vulnerável da sociedade. Para a sua ascensão social, que deverá ocorrer de forma gradativa, mas constante — devido ao equilíbrio da economia —, não devem os trabalhadores públicos ter benefícios acima desse grupo. É claro que existem formações diferenciadas e experiências profissionais diferenciadas; isso, no entanto, se resolverá com salários diferenciados e só.

Não pode o operário fazer marmita de madrugada, pagando impostos sobre os alimentos, energia, transporte e outros itens, para que o funcionário público, que é seu subordinado, receba, além de elevados subsídios ou remunerações, auxílio-alimentação, planos de saúde, moradia e muitos outros benefícios. Onde está a justiça? No final, o país está sempre pendurado nas dívidas e juros. A conta novamente recai sobre o operário e a dona de casa. Isso é eterno.

Quando o funcionário público do alto escalão do governo se aposentar, receberá elevados subsídios, e o operário passará os últimos dias com salário-mínimo, sendo tributado proporcionalmente mais. Além disso, irá depender de uma fila do Sistema de Saúde para conseguir uma consulta médica. Quando tiver dificuldades financeiras emergenciais e tomar um empréstimo no sistema financeiro, será tributado pelo IOF e com elevados juros. Na compra do medicamento, pagará elevados tributos ao Estado. Pode uma situação assim? Tem alguma lógica?

O governo, no Brasil, em todos os poderes da república, consegue ser tão mesquinho que, além de massacrar os mais vulneráveis, cobra tributos de quem necessita de um socorro financeiro emergencial, daquele que às vezes está no limite da sobrevivência. Sem contar os impostos estaduais sobre as mercadorias e serviços, mostrados anteriormente.

Muitas vezes, aquele que está em desespero tem como última alternativa um empréstimo com juros elevados, chegando a taxas de mais de 400% ao ano em muitos bancos e cartões de crédito. Além dos juros, tem o imposto. É esse o retrato do absurdo em que a maioria do povo vive. Segundo o IBGE, 2/3 da população do país têm renda de até dois salários-mínimos.

A expressão anterior, "em todos os poderes da república", significa que, mesmo que um poder queira fazer, se o outro poder impedir, o processo não caminha. Então, quando o processo segue com alguma injustiça, é porque todos os poderes ou aceitaram e apoiaram ou se omitiram, deixando acontecer.

O operário ou a dona de casa não pode comprar uma máquina de lavar roupa devido aos juros elevados e aos impostos de mais de 40% sobre a máquina. Assim, os governos empurram os empobrecidos cada dia mais para a vulnerabilidade, em um processo sem limite no tempo.

Todos os dias, ao abrir os jornais, existem críticas do setor financeiro e do mercado em geral sobre o salário-mínimo aumentando, sobre a vinculação do salário-mínimo com os demais benefícios sociais, de forma a extrair um pouco mais e empobrecer um pouco mais os já empobrecidos.

Todos sabem o grande valor da maioria do funcionalismo público, mas o sistema está montado para privilegiar os altos escalões e não tem, na sociedade, instrumentos para conter os abusos. Por isso, todos precisam de uma estrutura mais justa, porque a maioria do povo sofre demasiadamente.

Por isso, o Poder Interativo será soberano para ter instrumentos de ação sobre aqueles que usam e abusam dos recursos públicos. Não sendo assim, continua-se com o mesmo sistema de exploração do Estado sobre os mais vulneráveis. Por isso, historicamente, nunca houve um sistema que transformasse as sociedades em suas raízes mais profundas de opressão, libertando os empobrecidos e dando a eles a autonomia do autogoverno.

Se o Poder Interativo falhar em suas ações pela articulação de algum grupo interno, deverão as demais assembleias do Poder Interativo reagir energicamente, porque jamais o povo atuará para sua autodestruição.

Sempre que necessário, uma das assembleias poderá propor um plano de ação para buscar corrigir o rumo das atividades do Poder Interativo ou para frear ações de grupos extremistas contrários à ampliação da justiça social.

CAP. 7

A TECNOLOGIA E A ESTRUTURA SOCIAL

1. A TECNOLOGIA NA DEMOCRACIA INTERATIVA

Os avanços das tecnologias podem e devem ser usados para a prática democrática. Como os sistemas financeiros possuem suas plataformas de atendimento ao cliente de forma segura e prática, assim deve ser com o exercício da democracia.

A Democracia Interativa será exercida por plataformas digitais democráticas desenvolvidas para esta finalidade. Os aplicativos serão disponibilizados para todos os eleitores, que deverão fazer o cadastro através de impressão digital como senha, além de outras senhas mais eficazes que poderão surgir.

As plataformas digitais deverão contar com as mesmas bases tecnológicas do sistema Pix, do Banco Central do Brasil, que alcançou, em dezembro de 2025, 300 milhões de transações diárias. Caberá ao governo da nação disponibilizar os serviços a todos, sem onerar e sem restrição. (BACEN, 2025).

Nas plataformas, serão submetidas as leis aprovadas pelo parlamento para a validação final, assim como os orçamentos, tratados e demais decisões do parlamento. Isso ocorrerá nas três esferas do poder: federal, estadual e municipal. Então, as plataformas digitais serão os instrumentos de prática democrática nas mãos de cada cidadão.

As decisões serão debatidas amplamente e aprovadas por ampla maioria dos eleitores participantes do pleito, preferencialmente com margem mínima de 60% (sessenta por cento), objetivando maior segurança e ajustes dos termos debatidos. Essa margem terá algumas exceções em alguns assuntos que tratam das minorias nas sociedades, objetivando evitar injustiças sociais. Isso, no entanto, estará garantido pela legislação e passará pela aprovação das instâncias do Poder Interativo.

Se alguma decisão tiver margem muito apertada, significa ainda pouca maturidade. Nesse caso, é importante ampliar os estudos técnicos, fornecendo mais informações para que as decisões caminhem para solidificar a escolha. Mais tempo e mais dados científicos melhoram a qualidade das decisões.

É importante lembrar que na Democracia Interativa não existirão os modelos de parlamentos atuais, onde existe reeleição, emendas parlamentares por dinheiro, elevação de despesas, balcão de negócios, entre outros. As decisões passarão sempre pelo crivo do povo. Assim, é possível compreender que o debate, o tempo e os dados são ingredientes significativos na tomada de decisão.

Se algumas decisões estão muito divididas, significa que os estudos científicos não estão chegando devidamente ao povo. Não precisa correria. Precisa amadurecimento das ideias com análises, gráficos, estatísticas, estudos técnicos e resultados das pesquisas científicas, além de boas apresentações das mídias. Tudo isso faz o povo ampliar o conhecimento e a capacidade de decisão. É claro que alguns terão dificuldade, mas a grande maioria dos jovens entrantes das novas gerações compreenderá perfeitamente as informações prestadas.

Os críticos irão questionar a segurança do sistema, e a resposta será que a prática democrática terá a mesma ou até maior segurança que o sistema financeiro do Banco Central. E o ideal é que a internet para os serviços do governo seja protegida das panes na internet a nível internacional, com o máximo de recursos de proteção da rede e suas conexões, além de satélites específicos para os sistemas que exigem maior segurança. Essa será uma das prioridades na Democracia Interativa.

Irão criticar que, na prática, será impossível o povo participar por falta de conhecimento tecnológico ou nível educacional. Isso se resolverá pela formação e treinamento via sistema, além da prática. Toda mudança gera desafios a serem enfrentados. Se nunca começar, nunca avançará. É preciso que a tecnologia desça ao nível do povo em termos de linguagem e compreensão, e que as pessoas recebam o devido suporte legal e tecnológico.

A Democracia Interativa será uma engrenagem estruturada para a dinâmica da evolução democrática. Todos os resquícios da antidemocracia devem ser eliminados ao longo do tempo. O mesmo deve ocorrer com os privilégios estruturados pelas sociedades atuais. Deve-se combater todo e qualquer privilégio, de forma a desmontar a estrutura social corrupta e imoral.

Se existirem entraves à evolução democrática, será preciso aperfeiçoar sua estrutura de forma a avançar continuamente. Essa é a direção para que os mecanismos melhorem em todos os aspectos.

Tendo essa compreensão, é possível perceber onde se deseja chegar em termos de sociedade que amadurece e avança no conhecimento, na ciência, na sabedoria e na eficiência.

2. A ORGANIZAÇÃO SOCIAL DO ESTADO NA DEMOCRACIA INTERATIVA

Cada nação definirá os detalhes da estrutura social que deseja. Mas, ao contrário dos modelos atuais, o Estado buscará ser sinônimo de eficiência e eficácia.

Olhando de um modo geral, pode-se visualizar um Estado onde os privilégios são drasticamente reduzidos, a máquina pública se tornará muito menos custosa e o custo do Estado será gradativamente reduzido, direcionando a nação para o equilíbrio das receitas e dos gastos públicos e o fim das dívidas públicas.

Esse modelo equilibrado dispensará a necessidade de novos endividamentos públicos e de pagamentos de juros. O Estado terá plenas condições de atender bem à sociedade dentro dos anseios colocados através do Poder Interativo, com uma carga tributária muito inferior aos níveis atuais, principalmente nos tributos regressivos que incidem sobre as mercadorias e serviços, nos quais os de menor renda pagam proporcionalmente mais.

Por isso, o Poder Interativo, em todas as suas esferas, deverá estruturar as ferramentas que possibilitarão esse caminho. Ferramentas eficazes no combate à corrupção, na redução dos espaços de manobras escusas, na criação de ambientes onde se possa assistir com orgulho ao uso da coisa pública. Não é possível manter essa podridão da política comandando a vida nacional e a dos entes federados.

É preciso ter coragem para mudar, enfrentando os desafios para criar algo e construir novos caminhos. A experiência já demonstrou empiricamente que os modelos atuais estão esgotados. Esses grupos e partidos que estão no poder trabalharam contra os anseios da população. Eles não têm nenhuma moral para ditar os novos rumos. O povo, através do Poder Interativo, irá ditar as regras do jogo do poder. É preciso ouvir e apreciar as diversas sugestões, mas o povo não estará subordinado a ninguém.

Na era atual, as sociedades estão organizadas para atender às elites políticas e econômicas. Na Democracia Interativa, o povo, através de seu instrumento maior, que é o Poder Interativo, irá definir o modelo de nação. Todos estarão subordinados ao Poder Interativo.

E quem manda mais ou menos no Poder Interativo? É possível dizer que algumas pessoas terão mais poder temporariamente do que outras. Mas não haverá uma pessoa que manda sozinha. A força da grande maioria, unida em uma ferramenta de poder, ditará os rumos da sociedade diretamente. As pessoas terão funções importantes e de poder, mas poderão ser exoneradas a qualquer momento. Alguns organismos poderão se destacar em algumas fases, mas o Poder Interativo pode extingui-los ou reorganizá-los.

Quem não seguir o ideal da Democracia Interativa de mais justiça social, trabalhando para reduzir custos, melhorar a qualidade de vida do povo, melhorar a qualidade dos serviços públicos, evitar desperdícios, aumentar a produtividade, reduzir gastos do governo, reduzir dívidas públicas e tributos, reduzir taxa de juros, manter os preços em equilíbrio, cortar privilégios públicos, entre muitos outros objetivos, será afastado de suas funções se for pessoa física ou extinto se for órgão do governo.

É preciso ter em mente que o trabalhador que mora no barraco, na periferia das grandes cidades, que faz a marmita de madrugada, toma o transporte público para trabalhar de 8 a 10 horas por dia e só se aposenta com 65 anos ou mais, irá decidir se um alto funcionário público merece vale-refeição maior que a própria renda do trabalhador. O trabalhador irá avaliar os penduricalhos imorais dos poderes da república. Poderes que deveriam dar o bom exemplo de austeridade, mas que buscam auxílio-moradia, aposentadoria integral, fundo previdenciário bancado com o dinheiro público, empréstimos com as menores taxas de juros, quinquênio, passagens aéreas, veículos à disposição, plano de saúde e muitas outras regalias e privilégios bancados com o tributo sobre o gás de cozinha do trabalhador, sobre o imposto da máquina de lavar roupa, sobre a energia do seu barraco e assim sucessivamente.

Esse trabalhador que recebe salário-mínimo e representa 1/3 da população trabalhadora do Brasil, ou os que recebem até dois salários-mínimos, representando 68,1% dos trabalhadores do país. Segundo o IBGE, censo 2022, essa classe trabalhadora irá decidir como se deve gerenciar uma nação com austeridade, garantindo que, com suas experiências de vida e de sofrimento, irão contribuir para que o país saia da escravidão da dívida pública e dos juros exorbitantes por décadas sem fim.

A nação será muito menor em termos de pessoal e máquina pública. No entanto, será muito maior em termos de capacidade de agir onde se achar necessário, conforme as definições do Poder Interativo.

Aqueles que abrem a boca para sugerir o congelamento do salário-mínimo para resolver o problema do gasto público do país não cabem nesse projeto. Por que não cabem? O projeto da Democracia Interativa visa reestruturar o modo de governar, que, no caso brasileiro, tanto no Brasil Colônia de Portugal quanto, depois, no Brasil Império, prevaleceu o conceito de construir riquezas através da escravidão de pessoas humanas. Congelar o salário-mínimo é aprofundar a escravidão em pleno século XXI.

O Brasil teve melhoras ao longo de um pouco mais de um século de república, mas o conceito de escravidão continua entranhado na estrutura social do país. O Brasil nunca foi do seu povo! E, para o leitor de outro país, o seu país também nunca foi do seu povo! É triste ter que falar isso. Do povo do Brasil e de muitas outras nações, tudo foi tirado ao longo dos séculos e continuará sendo, por não existirem instrumentos para reorganizar e revolucionar o modo de governar.

Nenhum partido político, quando no poder, teve o desprendimento de transformar, ampliando o poder ao povo para que os partidos políticos tivessem menos poder. Todos que assumem o poder o fazem para si mesmos. Quando fazem algo para mudar diante da pressão social, fazem-no para se perpetuar no poder. Quando cedem alguma coisa, espertamente distribuem migalhas.

Poder é riqueza. Poder é dinheiro. Poder é luxo. Os políticos são loucos por dinheiro, poder e luxo. E, em nome do dinheiro e do poder, matam, exploram, criam colônias, endividam a nação, aumentam os impostos sobre os empobrecidos, negam serviços essenciais. Não educam para transformar. Educam para criar robôs obedientes.

O povo acaba sendo manipulado como gado ao matadouro. Basta estudar a história, os grandes impérios e todas as formas de governos que já passaram pela Terra. A única justiça integral e que até agora não teve preço foi a morte para todos. Mesmo assim, são capazes de vender a alma para tal.

Por isso, o sentimento de nojo quando alguém defende uma ditadura ou um ditador. Só a democracia pode permitir que você pense diferente. Na ditadura, jamais! O problema é que a democracia existente dá muita margem para a manipulação. Mas ainda é o sistema mais dinâmico. Só que ela tem uma grande falha em seus instrumentos: ao dar a liberdade, ela permite que os tiranos usem essa liberdade, manipulando até assumirem o poder. Quando o conquistam, matam a democracia.

Matam a democracia porque controlam os principais órgãos públicos e indicam seus gestores na base da troca. Por isso, é o Poder Interativo que deve preencher as vagas dos principais órgãos públicos e tribunais.

Além disso, os tiranos sabem atender às elites que possuem um alto poder de manipulação. A manipulação traz para as ruas o povo manipulado, que passa a acreditar que a mentira virou verdade.

Dessa forma, a ditadura oprime de um lado os opositores e os elimina, usando todas as ferramentas possíveis. Por outro lado, mostra o apoio popular. Quanto menos o povo ouve os que falariam contra o ditador, mais as massas se iludem e o apoiam. Até que um dia alguns começam a perceber que agora não tem mais volta. Ainda que exista eleição, ela será manipulada e o mesmo candidato irá ganhar. A ditadura está consumada.

Diante desse desafio, a democracia necessita criar instrumentos sólidos para avançar continuamente e sempre combater a manipulação, que nunca cessará. Pensar a Democracia Interativa é buscar esse instrumento para se construir um caminho sólido de ampliação da democracia e formar estruturas que não permitam aos tiranos se sobrepor à vontade popular.

Na medida em que a Democracia Interativa for se estruturando com instrumentos de ação eficientes e eficazes, os modelos atuais farão vergonha às pessoas quando estudarem a história. Esses modelos cairão rapidamente.

Diante disso, poder-se-á pensar, olhando a partir de hoje, que as sociedades democráticas futuras não precisarão dos partidos políticos. O caminho da Democracia Interativa é a eliminação por completo dos partidos e de toda a estrutura política atual. Isso ocorrerá porque a capacidade transformadora das sociedades em seus modelos de governança proporcionará um resultado tão positivo em todos os aspectos que quem olhar para trás dirá: "Como as pessoas daquela época aceitavam os políticos e seus partidos dominando sobre elas?"

É comum, quando se estuda a história humana, ouvir das pessoas a incredulidade diante das antigas organizações sociais. Aqui no Brasil, é comum ouvir dizer sobre a aceitação da era da escravidão. Às vezes, as pessoas sentem um choque quando se deparam com situações de fazendas de escravos, igrejas e conventos que possuíam escravos, a tortura sofrida pelos escravos e muitas outras situações dramáticas.

E, nos tempos atuais, parece que tudo está melhor quando comparado com aquela época. Para uma parte da sociedade que ascendeu, é verdade. No entanto, existe outra parte enfrentando desafios que parecem não ter solução. Basta olhar a quantidade de dependentes químicos nas ruas das grandes cidades.

Os desafios vão se apresentando e as sociedades ficam sem respostas. As estruturas criadas para as sociedades passadas não servem por completo para as atuais. Então, pode-se pensar: vamos mudar esse órgão ou essa corporação, mas a legislação do passado não permite. Diante disso, o processo trava, anda devagar e as pessoas tentam se proteger, e fica difícil implementar mudanças.

O avanço contínuo da tecnologia, dos novos modelos de golpes financeiros, de novos entorpecentes, do crime cada vez mais organizado para o mal, a chegada de novas gerações que se transformam velozmente — tudo isso chega, quer você queira ou não, e atropela as organizações sociais e as estruturas arcaicas.

Com a chegada da Inteligência Artificial, o ritmo irá acelerar. As pessoas e as sociedades não estão preparadas para isso. Nenhuma sociedade está. Elas irão assistir a revoltas e ao combate truculento. De repente, as sociedades se envelhecerão por não entenderem as novas gerações.

Todos ficam correndo atrás, como os cachorros correm atrás do rabo. Mas, com a chegada da IA, sem uma forte mudança, jamais encontraremos um caminho. Nenhuma pessoa no mundo terá força ou poder de combate dentro de sua própria comunidade. Haverá tentativas, violências, torturas, decisões insensatas, controles em excesso, mas o que se pode enxergar em todos os líderes do mundo é que eles não sabem o caminho.

Somente o Poder Interativo, que brota da força de todos juntos, poderá controlar os rumos das nações com qualidade e sem truculência. Porque o Poder Interativo será dinâmico e as respostas aos desafios podem ser imediatas, caso necessário. A morosidade das estruturas existentes hoje é incapaz de responder a tempo às novas demandas emergenciais.

Por mais que as grandes potências se enfrentem em uma guerra comercial, se armem e se ameacem, elas sabem que a guerra de verdade é a destruição planetária. Todas as nações perderão com a guerra.

As guerras de antes recolocavam as nações e os rumos que elas iriam seguir, em uma época em que as pessoas viviam de forma ainda bem rudimentar. Desde 2007, segundo a ONU, a humanidade é mais urbana, e o processo de urbanização com o êxodo rural é contínuo.

Hoje, além da grande urbanização, o mundo tem a comunicação toda conectada. Se faltar internet para a humanidade, e isso é possível, ela entra em colapso. Então, não é mais possível as nações tentarem resolver seus problemas pela guerra. Quem o fizer sairá perdendo, ainda que vença.

Quando uma nação se concentra na guerra, ela perde um tempo precioso nas demais tarefas estratégicas, como as pesquisas científicas e tecnológicas. Com o avanço da IA em todo o mundo, qualquer tempo perdido será praticamente impossível de recuperar.

Diante disso, é importante que as decisões das nações sejam prudentes, refletidas e pensadas por muitas cabeças. Que a ciência seja ouvida e que a vida na Terra seja a cada dia mais respeitada e livre.

Não pode um governante isolado decidir pela morte de pessoas, mesmo que sejam bandidos. Mesmo que alguém tenha esse desejo, é preciso compreender que o bandido é resultado de um arranjo social maldito construído pelas elites, de leis discriminatórias, de falta de renda e oportunidades de negócios lícitos e que a mãe do bandido, o pai do bandido e os filhos, ainda crianças, do bandido fazem parte de uma estrutura social que sofre, que sempre perde e que poderia ter sido muito diferente. A decisão precisa ser avaliada por mais pessoas, por profissionais capacitados, pela ciência, pela estratégia e por caminhos mais civilizados.

Todo bandido, traficante, assassino um dia foi uma criança inocente numa sociedade que negou a ela a proteção necessária e permitiu que o crime lhe oferecesse uma oportunidade de renda que o Estado não proporcionou.

O Estado permitiu que as crianças residissem mal e em situações precárias, rodeadas por uma estrutura do crime, onde muitas vezes a criança não teve como sair dali, porque seus pais estavam ali, os recursos eram insuficientes para uma vida digna em outro lugar e as crianças não têm poder de decisão.

Assim como as crianças são violentadas sexualmente em todos os estratos sociais, da mesma forma são "estupradas" pela violência ao seu redor nos submundos do crime.

Somente a força do Poder Interativo pela coletividade poderá romper as resistências, evitar aberrações e truculências, punir conforme a lei, controlar a IA que chega com toda força e definir rumos civilizados para a humanidade.

A vida na Terra está diante de uma encruzilhada muito desafiadora, e parte das cabeças que estão no poder mundial são mesquinhas demais para entender a gravidade dos desafios.

Aqueles que são sensatos não podem dar um cheque em branco para esses governantes. Esse modelo ficou antigo e não se sustenta mais. Precisa ser rompido o mais rápido possível.

3. REESTRUTURAÇÃO GERAL

Toda a mudança deverá ser construída para aumentar a produtividade, a qualidade dos serviços, ampliar a área de atuação e a proximidade com os de menor renda e manter um processo contínuo de redução dos custos.

Todas as mudanças nas estruturas dos poderes serão executadas para adequá-las ao mais profundo sentido da construção da república. Isso somente será possível porque o Poder Interativo é do povo, para o povo e pelo povo. Ninguém fará nada para si.

Não existirá reeleição de político. Nenhum político ganhará o nome com o sucesso da mudança. A mudança virá daqueles que são os verdadeiros donos dessa pátria. O Poder Interativo fez, logo, o povo fez e está feito. Se acata e trabalha dentro das novas regras. Se o indivíduo achar que isso não está adequado para ele, pode sair. Vá para a iniciativa privada, que ela estará em plena expansão. A liberdade existirá como uma garantia constitucional.

Em todos os poderes da república, o Poder Interativo deverá colocar fim aos apadrinhados. Ninguém deverá indicar ninguém pessoalmente. As indicações, quando não houver outro meio, deverão ser executadas pelo Conselho do Poder Interativo pelo mérito, formação e currículo. Se existir mais de um candidato, poderá ser feita a seleção por sorteio.

A temporalidade é importante para evitar o desenvolvimento e a prática da corrupção. É preciso criar o desprendimento no exercício do poder público. O cidadão vai ao poder público para prestar o seu melhor serviço para a sua nação. Se preciso, dar a vida por ela. Defendê-la de todos os inimigos da pátria. Ao sair, seguirá discretamente sua vida fora dos holofotes do poder. O país e o mundo querem assistir a bons resultados e boas práticas. É preciso reduzir o estrelismo em que virou a velha política.

Nas democracias atuais, os poderes da república se sustentam através das barganhas e favores. Tudo foi sendo estruturado de forma a ampliar os privilégios ao longo do tempo. Os gastos só aumentam em termos reais. Não existe nenhum interesse em melhorar a eficiência e a eficácia de forma plena e continuada. Às vezes, surgem algumas pequenas iniciativas, mas os resultados se tornam insignificantes devido à dimensão do emaranhado de interesses e legislações.

Na Democracia Interativa, os instrumentos do Poder Interativo deverão ser livres para atuar na reestruturação dos demais poderes, de forma a desmontar os privilégios e alcançar o sentido pleno da palavra república.

As sociedades atuais carecem desses instrumentos de ação que serão criados na Democracia Interativa e exercidos pelo Poder Interativo. É por isso que, ao longo dos séculos, o setor político se tornou um nicho dos protegidos. O máximo que ocorreu foi a troca dos favorecidos de um grupo para outro quando ocorreram revoluções. Ao final, tudo se ajusta e se assenta, mas o lado de baixo da sociedade continua a sofrer para pagar as contas dos privilegiados. Insuportável!

Para sair do lado de baixo na questão da renda, é preciso ter um ambiente empreendedor gerando a ascensão social. O mundo dos negócios encontrará um Estado eficiente e eficaz e com muito menos tributos. Isso já diz muita coisa. É um sonho para os empreendedores.

Esse mesmo Estado, além de poder oferecer uma excelente estrutura de gestão, também oferecerá recursos a juros baixíssimos por não ter problemas fiscais e por manter as contas sempre equilibradas.

Jorrará dinheiro de muitas fontes, pois não mais existirá o rentismo da dívida pública. O dinheiro somente crescerá no sistema produtivo, nas inovações e no empreendedorismo, e essa é a grande oportunidade para muitas nações prisioneiras do colonialismo escravizador exercido pelo rentismo.

O mundo dos negócios encontrará uma máquina eficiente no combate às diversas formas de corrupção. A engrenagem das relações público-privadas contará com ferramentas afiadas para a ação rápida e eficaz do uso do dinheiro público.

As empresas e famílias que vivem penduradas na área pública terão pela frente um novo modelo dinâmico e que não estará aberto aos privilégios dos prestadores de serviços e fornecedores. Por outro lado, privilegiará as alternativas de mais qualidade e menos custos.

Esse novo cenário será um campo fértil para os empreendedores, os pesquisadores, aqueles que lutam e desejam um dia crescer na sociedade. O Estado será um nicho de novas oportunidades.

CAP. 8

O PROCESSO ELEITORAL

Todo o processo eleitoral se realizará através das plataformas digitais oficiais. As campanhas dos candidatos, seus perfis e os debates serão através dos aplicativos. Esse modelo é de baixo custo e interessa à nação, sendo as oportunidades iguais para todos.

É preciso esvaziar os recursos financeiros das campanhas e dos partidos políticos, principalmente os recursos públicos. O custo-benefício desses gastos não os justifica. Pelo contrário, a experiência brasileira tem mostrado gastos em alta e a qualidade se deteriorando.

Tem muita gente vivendo dos recursos públicos pagos pelos mais empobrecidos sem nada produzir pela nação. Isso precisa ser banido na raiz, sem dó e nem piedade. São verdadeiros parasitas e que ainda indicam seus familiares para dar continuidade eterna a essa aberração.

O Poder Interativo Federal definirá um novo modelo para o sistema político nacional conforme os objetivos gerais da Democracia Interativa. O ato de governar a coisa pública deve partir das pessoas patriotas, cujo desejo é construir uma nação de valores humanos, onde a transparência dos atos seja um ideal de governo.

Inicialmente, como existe um período de transição, nem tudo tem resposta imediata e nem deve ter. O somatório das ideias, os debates e as diversas ponderações é que definirão ao longo do tempo as novas formas. Lembrando que a expressão "ao longo do tempo" deve ser um tempo rápido.

A proposta dos novos parlamentos em novos formatos foi visando à transição. Será possível, na medida em que a representatividade se estenda, melhorias muito significativas. Cada etapa é uma quebra de barreiras, e o povo fará acontecer.

É preciso deixar claro que os parlamentos municipal, estadual e federal são eleitos pelo voto eletrônico por meio do Poder Interativo, utilizando senha digital ou outra tecnologia mais avançada e segura. Esses parlamentos terão a função principal de legislar.

Já o Poder Interativo, constituído por todas as pessoas aptas com cadastro ativo na Receita Federal, formará a Assembleia do Povo, que coordenará todo o sistema, elegendo seus representantes para os parlamentos e para cargos executivos, além de indicar os demais para as outras funções públicas.

Os representantes dos cargos executivos, como presidente da república, primeiro-ministro, governadores e prefeitos, serão eleitos e terão que cumprir metas, atuando de fato como gestores muito mais do que como políticos. A melhor prática é a alternância constante do poder, sem nenhuma reeleição ao longo da vida para aquele cargo. O poder deve ser passageiro e encarado como um serviço prestado à nação.

O mandato de quatro anos ou mais do sistema antigo deve ser ajustado para dois anos. A ideia de mandatos longos deve ser esquecida. Todos os que passam pelo poder servem à nação e seguem seu destino. Nada de políticos profissionais pendurados no Estado.

Os executivos devem prestar contas anualmente ao Poder Interativo e podem ser substituídos pelo suplente ao longo do mandato, caso não cumpram as metas definidas ou desviem dos interesses públicos. Para isso, o Poder

Interativo poderá ser acionado e o Conselho do Poder Interativo consultará a Assembleia do Povo.

Todos os cidadãos do município constituirão a Assembleia Municipal. Qualquer cidadão da Assembleia Municipal pode se candidatar ao parlamento ou a prefeito.

A Assembleia Municipal elegerá o parlamento seguindo a distribuição com 50% de mulheres e 50% de homens, além de outras segmentações que a própria Assembleia poderá definir. Para cada segmento, as vagas serão preenchidas pelos mais votados, sempre alternando o sexo, cuja decisão é nacional.

O mais votado do parlamento municipal do sexo a ser preenchido, homem ou mulher, será o representante no parlamento federal. Se o município tiver mais vagas federais devido ao tamanho da população, primeiro se preencherão as vagas federais. Em seguida, preenchem-se as vagas no parlamento estadual, e o restante comporá o parlamento municipal.

Para o mesmo quantitativo de titulares eleitos, serão eleitos os suplentes conforme a ordem dos mais votados. Primeiro todos os eleitos e, após, todos os suplentes.

Os parlamentares estaduais e federais serão remunerados com um valor simbólico. Os parlamentares municipais não terão remuneração. Isso deverá ser feito para resgatar o patriotismo, a solidariedade e o compromisso público. Lembrando que é apenas por um período de mandato. Por isso, não deve existir a reeleição.

Caso o parlamentar não exerça o voto, automaticamente o sistema contabilizará o voto do suplente, quantos forem necessários. Se em um município existirem 20 parlamentares e nenhum exercer o voto, os vinte suplentes poderão exercê-lo, sendo validados.

Se o parlamentar deixar de exercer o voto por três votações seguidas sem justificativa, perderá o mandato para o suplente mais votado.

No entanto, todos os representantes federal, estadual e municipal atuarão de dentro do seu município via sistema digital. Os representantes, tanto federal quanto estadual, estarão em contínuo debate com suas bases e prestando contas de suas atividades e decisões.

Toda a estrutura física deverá ser fornecida pelo município aos diversos parlamentares, assim como transporte dentro da área municipal, estadual e federal.

A Assembleia Municipal fiscalizará toda a atuação dos diversos parlamentares nas diversas esferas.

CAP. 9

PROPOSTA DE UM PODER LEGISLATIVO COM PARLAMENTO CIENTÍFICO E SEM ELEIÇÃO

Essa proposta é para eliminar o velho modelo político de representatividade no caso do Poder Legislativo. Ela poderá ser implementada logo após a implantação do Poder Interativo, caso seja o desejo da nação.

No caso, da nação optar por este modelo, deverá ser ajustado a organização do Poder Interativo. Então neste capítulo, após apresentar a ideia do parlamento científico, será necessário detalhar as novas composições das instâncias do Poder Interativo, tendo em vista, que os benefícios gerados pelo novo parlamento, já cumprem parte dos valores depositados no Poder Interativo da proposta anterior.

Se a opção for de manter o sistema de representatividade, a proposta anterior do Poder Legislativo atende, pois já contém diversos avanços. No entanto, quando se abre para novos caminhos e novos modelos, se observa uma capacidade enorme de oportunidades de avanço. Aqueles que sempre sonharam com uma democracia mais pulsante se encantarão com o horizonte de possibilidades.

1. PARLAMENTO CIENTÍFICO FEDERAL

O que esta proposta traz de diferente é o fim da representatividade nos modelos atuais, não necessidade de eleições parlamentares, forte expansão do parlamento virtual para milhares ou milhões de cidadãos ativos no processo legislativo e avanço das atividades sem remuneração, por exigir somente, o voto livre do cidadão.

"

Nesta nova proposta à composição do Poder Legislativo Nacional será realizada por todos os doutores com idade de até 54 anos. Ao completarem 55 anos o sistema desliga sua participação no Poder Legislativo e o inclui no Poder Interativo Nacional. Então, a mudança ocorre na composição dos dois poderes.

Os doutores do país, passariam a atuar como um poder legislativo sem remuneração e elegeriam os componentes da mesa diretora e das comissões. Somente a mesa diretora e as coordenações atuariam como presencial e remunerados por período de seis meses. Sempre revezando as equipes e sem possibilidade de retorno ao poder, para não estender os tentáculos e começar a sugar do estado.

Os membros das comissões poderiam atuar como atividade virtual também remunerados, conforme a carga de atividade, também por até seis meses. O quantitativo dos membros das comissões inicialmente poderá ser mantido, conforme o modelo atual do sistema representativo, e posteriormente, definido pelo Poder Interativo.

Os demais atuariam somente em caso de votações, onde teriam até sete dias para votarem os projetos. Esse prazo não significa votar um projeto a cada sete dias, mas votar os projetos postados na segunda-feira, com duração até no final do domingo, podendo ser um ou mais projetos.

Neste caso, todos os cidadãos que alcançarem um grau de escolaridade de doutorado, comporão o Poder Legislativo, podendo exercer ou não o direito de votar, de forma a contribuir, interagir, sugerir e sem remuneração.

Observe que nesse grupo estaria homens, mulheres, jovens, idosos, negros, brancos, índios e outras etnias constituindo uma boa diversidade, porém, mantendo um aspecto de unidade que é o conhecimento científico maior. Esse fator do conhecimento, pode gerar algumas críticas, mas o ganho como uma nação pensante seria extraordinário. Assim, a nação teria um Parlamento Científico Federal.

Os críticos podem dizer que alguns extratos se sobrepõem a outros, mas isso também já acontece atualmente. Observem que, em nenhuma condição de organização se alcança tudo que, teoricamente, as pessoas desejam. Sempre tem alguma possível perda, mas o importante é alcançar o máximo de ganho. Sempre alguns extratos vão sobrepor. Mas o que se ganha na ampliação da qualidade científica é algo magnífico.

E se o grupo, no caso, o novo Poder Legislativo, começasse a legislar em causa própria como atualmente acontece no sistema representativo, como seria? Bom, neste caso, é preciso lembrar que o sistema é a Democracia Interativa, onde o Poder Interativo poderá atuar e a Assembleia do Povo poderá fazer as alterações necessárias. É preciso lembrar que a Assembleia do Povo é o poder soberano, que poderá validar ou não a legislação aprovada pelo parlamento. Isso é muito diferente em relação aos modelos atuais onde muitos dos parlamentares abusam do poder e dos recursos da nação.

Os parlamentos representativos atuais são, em grande parte, incompetentes e não existe meios de combatê-los, conforme já explicado anteriormente. São incompetentes por agirem em causa própria, por manipularem o sistema eleitoral, por enganarem com o marketing destrutivo, e o pior, não possuem a devida formação técnica e científica. Como não existe um poder sobre eles, exceto em caso de crime comprovado, levam as nações ao caos.

Com o novo modelo de um congresso científico, mas com novos entrantes e retirantes a cada ano, devido a conclusão dos cursos de doutorado por muitos entrantes e a idade de 55 anos para os retirantes, a capacidade evolutiva estaria sempre presente e os absurdos, caso surjam, poderiam ser corrigidos pelo Poder Interativo.

Dessa forma, pouparia o povo de eleições parlamentares e ampliaria a qualidade técnica do parlamento. Diante desse modelo, o Poder Interativo pode avaliar a possibilidade desse novo congresso ampliado e com elevada capacidade técnica de eleger o primeiro-ministro, que seria o gestor do país. Isso é uma opção parlamentarista de elevado grau técnico.

Se o tamanho do grupo for um problema, mesmo sendo livre a participação efetiva, pode o Poder Interativo delimitar por um período etário menor, onde todos serviriam a pátria por um tempo menor, como a proposta já apresentada para a Assembleia dos Defensores, onde uma faixa etária atende aos municípios, outra aos estados e outra a nação.

O formato detalhado do parlamento científico deve ser estruturado com um olhar criterioso sobre a realidade da nação ou do ente federado. Deve sempre existir uma linha central e uma dinâmica de ajuste por ente federado. As realidades entre as diversas nações e internamente entre os estados, regiões e municípios são muito diferentes e os ajustes deverão caber ao Poder Interativo de forma a manter o máximo de participação com o máximo de eficiência que é um princípio fundamental da Democracia Interativa.

Da mesma forma, poderia o congresso científico repensar a estrutura do poder executivo de forma que os principais segmentos sejam preenchidos por gestores técnicos e da mais alta qualidade, obedecendo o rodízio de 2 (dois) anos para o poder executivo e sem retorno ao cargo ou até de um ano com maior rotatividade dos executivos.

Esse modelo seria altamente estável evitando os excessos de crises existentes nos modelos atuais. Mas ainda que elas surgissem, o Poder Interativo estaria pronto para atuar.

Se pode entender que é uma mudança de paradigma ainda maior que a proposta anterior, mas a democracia e o país ganhariam em eficiência, qualidade e muita projeção futura.

É preciso pensar que esse modelo elimina qualquer político que não tem uma alta formação escolar, no exercício desses dois poderes: executivo e legislativo. Cria um rompimento definitivo com o velho modelo existente, eliminando por completo o modelo político antigo de representatividade e eleições.

Surge então um questionamento. Não estaria o poder político sendo elitizado ao eliminar os que não possuem elevada escolaridade? Isso parcialmente é uma verdade. No entanto, o poder de decisão do Poder Legislativo será muito menor dentro desse novo modelo. Ele terá uma capacidade maior de produzir resultados em termos de debate e criação de leis, mas com menor poder de decidir e de manipular. A decisão final sempre caberá a Assembleia do Povo do Poder Interativo, onde a composição é plena.

Por outro lado, analisando o Poder Legislativo atual, qual é o ganho social de todos poderem participar desse poder pelo sistema de representatividade? Qual é o pobre e sem estudo que consegue se ascender nesse poder? Existe até uma abertura na entrada do processo, mas para chegar ao auge, as cartas já estão, em sua quase totalidade, definidas. E com os sistemas partidários existentes, não se chega lá com independência. No caso da virtude, quando existe, vai ficando no caminho.

Suponha que o congresso cientifico desejasse fazer uma legislação em benefício próprio! Ele poderia elaborar o projeto e aprová-lo, no entanto, sua validação só aconteceria pela aprovação do Poder Interativo em votação pela Assembleia do Povo. Então, não existiria o risco de ocorrer situações em que o povo ficasse à deriva do parlamento.

O povo, nesse modelo, já é de fato o poder soberano, então não existiria perda da democracia se um segmento dinâmico e em continua renovação assumisse outro poder subordinado, sendo ele um extrato do próprio povo, mesmo sem eleição.

É preciso lembrar que o quantitativo de cidadãos que estariam aptos a participar, pode chegar a milhões, dependendo do grau de escolaridade de cada nação. É um quantitativo expressivo que somente funciona num modelo de atuação digital. Esse extrato pode atuar até em sua totalidade, mas ele é livre para atuar ou não. Então, nem todos irão se interessar. De qualquer forma, os que desejarem atuar, ainda serão um extrato muito além, em todos os aspectos, do que hoje existe.

Atualmente o legislativo trabalha no Brasil, na esfera federal, com 594 parlamentares nas duas casas. Uma parte expressiva desse grupo se eterniza no poder e vive do estado. Espalham seus tentáculos de influência e indicam seus parentes e aliados nas mais diversas esferas do poder, perpetuando o efeito de sugar riquezas do setor público, passando de geração em geração. Como exercem influência federal e buscam a reeleição, estão sempre buscando recursos financeiros e meios de atender o seu grupo de influência nas suas bases nos estados e municípios.

Logo, se não bastasse os recursos federais, também buscam os recursos estaduais e municipais. É constante a existência de empresas em nome de "laranjas" sugando recursos públicos em um movimento eterno de extração e acumulação. Nesse meio, fica difícil as pessoas de virtude sobreviverem. Assim é no Brasil. Talvez na nação do leitor seja diferente. Então, é muito importante ser criterioso, conforme as características de cada povo.

Na prática, fica difícil defender essa representatividade como uma melhor alternativa do que colocar milhares ou até milhões de cientistas para pensar o país e sua legislação. E dentro do modelo proposto, o novo sistema ainda custará menos em gasto público do que o atual. Isso porque os votantes não têm remuneração e aqueles que atuarem de forma virtual, receberão menos e não precisarão deslocarem rotineiramente.

O que se está preservando é a alta formação dos parlamentares, mesmo que o processo de seleção seja alterado em alguns aspectos.

Se o congresso científico elege o primeiro-ministro, como fica o povo? Neste caso, a Assembleia do Povo poderá eleger um presidente para ser o representante do país nas questões internacionais, ficando a gestão interna para o primeiro-ministro. Outra opção, seria o presidente do Conselho Interativo Nacional atuar nas questões externas. Mas isso, misturaria as competências na esfera da gestão, pois o Conselho deve ficar focado no planejamento, na fiscalização interna e nas estratégias de ação. A execução fica a cargo do Poder Executivo.

E se o povo rejeitar a proposta e quiser escolher o presidente no modelo presidencialista puro? Seria um trabalho a mais para o povo e pode o presidente ter algumas dificuldades a mais na relação com o congresso, mas é possível funcionar. Outra coisa é que teria que organizar o processo eleitoral para este fim. Todos os interessados passariam por uma pré-seleção do parlamento e dentre os cincos mais votados, a Assembleia do Povo, elegeria o mais votado.

O mais inconveniente nesta proposta é manter a figura do político ainda muito ativa. Mesmo com mandato de dois anos, o presidente teria mais dificuldades em cumprir o planejamento do Poder Interativo do que um primeiro-ministro que não passou pelo crivo do voto popular, mas já assume com o aval do congresso. No entanto, o sistema também estaria apto a funcionar.

Um primeiro-ministro que sai de um debate do congresso já possuirá um entendimento maior dos seus apoiadores e estará menos sujeito a crises, devido ao apoio desse mesmo grupo.

Outro aspecto em caso de eleição presidencial é que o presidente não dará as diretrizes do país e não será o dono das decisões para cumprir suas promessas de campanha. O planejamento do Poder Interativo aprovado pela Assembleia do Povo é que dirá o que será executado. Logo, fica muito sem sentido a tarefa de uma eleição presidencial.

Agora, se a Assembleia do Povo ou outra instância do Poder Interativo perceber que o país perdeu o rumo e está sempre piorando e que eleger um presidente pode ser a solução, nada impede dela sugerir uma mudança de direção. Isso poderá ser feito ao analisar o descontentamento da população, enviando ao Conselho Nacional as informações necessárias.

O Conselho Nacional do Poder Interativo deve ter um olhar de águia sobre a nação e os demais poderes, mantendo uma direção de busca constante de qualidade dos serviços, reestruturações dos órgãos, eficiência da máquina pública, transparência de dados e informações a imprensa livre e a todo o povo.

Ao mesmo tempo que o Poder Interativo trabalha para reduzir os mandatos para dois anos ou menos, ter um congresso vitalício gera debate e parece contraditório. No entanto, é preciso distinguir algumas coisas: o congressista que vota e aquele que exerce o poder remunerado. Aquele que exerce o poder remunerado também estará limitado ao mandato. Devendo não participar nessa modalidade de parlamentar remunerado nos quatro anos seguintes ou nunca mais.

Dessa forma, o grupo que estiver sendo remunerado em um mandato, todo ele será substituído, gerando um forte rodízio interno na esfera do Poder

Legislativo. Isso é fundamental na dinâmica de não perpetuar no poder diretamente. Lembrando que os componentes do Poder Legislativo, sem remuneração, sempre estarão no poder, porque possuem o direito de votar, sugerir a criação ou elaborar propostas de novas legislações.

É sempre bom lembrar que esse poder possuirá milhares ou milhões de parlamentares livres, de alta formação e experiência profissional. Não é algo simples de manipulação política e de contato individual para solucionar desejos de *lobbies*.

Na questão de manter o presidencialismo, como citado anteriormente, é preciso reforçar que toda a lógica da Democracia Interativa é a de pulverizar o destaque pessoal da pessoa do político, principalmente aqueles que desejam se perpetuar em evidência. A Democracia Interativa buscará resultados transformadores que a própria lógica do sistema proporcionará e não a lógica do indivíduo que é o "cara", o "bom", o "máximo". O país deve sair do individualismo e do estrelismo do sistema político para o resultado das ações coletivas, ainda que políticas.

E se o parlamento científico desejar manter órgãos do governo visando beneficiar os conterrâneos? Caberá ao congresso propor e elaborar as leis, cuja validação será do Poder Interativo. A máquina do estado, seus ministérios, seus órgãos e empresas serão definidos pelo Poder Interativo com base no seu desempenho e estratégia. O Poder Interativo, através das suas instâncias, definirá criar, ampliar, reduzir, adequar ou extinguir qualquer estrutura federal. O mesmo fará o Poder Interativo nos estados e municípios.

2. O PARLAMENTO CIENTÍFICO ESTADUAL

No caso da adoção do Parlamento Científico a nível federal, os estados terão a mesma modalidade. Os mestres que pertencem àquele estado de origem, com idade de até 54 anos comporão o Poder Legislativo Estadual. Já os mestres com idade de 55 anos ou mais comporão o poder Interativo Estadual. Nesta opção, somente os mestres comporão o poder Legislativo Estadual e o Poder Interativo estadual. Ficando os doutores exclusivamente nos poderes federais e os graduados para os poderes municipais.

Aqueles que compuserem a mesa diretora e as comissões, serão remunerados na modalidade de presencial e de virtual. Os demais participarão com o voto de forma livre e sem remuneração.

No entanto, em qualquer ente federado onde o parlamentar assumir o cargo remunerado, deverá ficar por quatro anos sem retornar a cargo remunerado no Poder Legislativo, tanto federal, quanto estadual ou municipal.

3. O PARLAMENTO CIENTÍFICO MUNICIPAL

No caso dos municípios, o Poder Interativo Municipal seguirá o planejamento nacional para definir o quantitativo mínimo de parlamentares e o grau de formação para aquele município. Pode ocorrer de alguns municípios possuírem poucos cidadãos com formação superior. Então, é preciso o Poder Interativo municipal, ampliar a possibilidade de maior acesso.

De um modo geral, pode os municípios abrir o Poder Legislativo para todos os graduados de 25 anos até aos 54 anos. Já a partir de 55 anos ou mais eles migrarão para a Assembleia dos Notáveis do Poder Interativo Municipal.

Na idade de 25 anos os jovens já deixaram de compor a Assembleia dos Defensores e podem migrar para o outro poder automaticamente, ficando os mestres para a esfera estadual e os doutores para a federal.

Se o município possuir um número muito alto de possíveis participantes, poderá o Poder Interativo limitar a idade como, por exemplo, de 25 a 40, ou de 25 a 35 ou ainda de 25 a 27, para os possíveis graduados.

Dessa forma, ter uma amostragem maior com os graduados nos municípios é importante para manter um elevado nível participativo, mesmo sendo opcional o exercício do poder.

Esse modelo convida a todas as pessoas a buscarem maior escolaridade, porque abre portas de oportunidades. Isso é fundamental para motivar as crianças e jovens aos estudos. O país espera por eles numa grande missão patriótica que valoriza as virtudes e os talentos de cada um.

Em qualquer esfera do poder onde ocorrer um esvaziamento de graduados, mestres e doutores nas votações, o Poder Interativo deverá avaliar todas as estatísticas e buscar novas propostas. Talvez, abrindo para os graduados, onde exigem maior escolaridade ou criando formas de motivação adicional. Podem surgir situações não previstas onde novas medidas necessitam ser tomadas. No entanto, deve-se manter o foco nos objetivos de ampla representatividade e de baixo custo para o país.

O mesmo vale para nações onde o grau de escolaridade é muito baixo. Devendo cada uma delas se adequar e o Poder Interativo reavalia periodicamente cada situação.

A lógica com relação aos jovens é que eles iniciem a caminhada de exercício no Poder Interativo, nos municípios, aos 18 anos, passando aos 21 anos para a esfera estadual e, entre 23 até 24 anos, para a esfera federal. Completando 25 anos eles migram para o Poder Legislativo. Posteriormente, caso eles continuem os estudos, alcançarão os demais poderes.

A humanidade se organiza de forma muito centralizada e excludente. A inserção dos jovens no processo político de forma educativa e em estágios diferenciados nos degraus do poder será algo vibrante e preencherá um grande vazio existente atualmente.

Por outro lado, a experiência com o poder gerará uma imensidão de novas ideias e de busca, motivando os jovens aos estudos por compreender o retorno que tal ação trará tanto para ele quanto para o povo e a nação.

A atuação política, nesse modelo, abrirá muitos espaços de relacionamento e de ação, retirando a juventude do confinamento mental e até físico, e enriquecerá o debate, ampliando a capacidade do sistema político de absorver o avanço cultural com muita antecipação em relação aos modelos atuais.

4. A ASSEMBLEIA DOS NOTÁVEIS NACIONAL DO PODER INTERATIVO COM UM PARLAMENTO CIENTÍFICO

Na situação em que a nação decida por um Parlamento Científico, como descrito no item anterior, a Assembleia dos Notáveis poderá permanecer na estrutura do Poder Interativo na seguinte situação:

a) A Assembleia dos Notáveis seria constituída por todos os doutores com 55 anos ou mais.
b) Desse grupo experiente seria eleito o Conselho dos Sábios com 6 membros por unidade federativa, escolhidos pela Assembleia dos Notáveis, sendo metade homem e a outra metade mulher, de suas próprias fileiras.

A Assembleia dos Notáveis com a idade maior, significa um olhar muito experiente sobre a nação. Por outro lado, gera um ponto de equilíbrio com a Assembleia dos Defensores.

É muito importante que o poder soberano tenha um olhar experiente sobre os demais poderes. Se não, fica difícil frear os possíveis desvios de rumo, conter os gastos desnecessários e evitar os privilégios.

Analisa o quanto cada nação tem perdido em avanços, em todos os aspectos, com governos inadequados, corruptos e excludentes! Como que a humanidade tem suportado tamanha frustração com tantas aberrações? Pensar o que se faz atualmente diante da imensa capacidade do que pode ser feito, gera até um vazio interior.

A capacidade da Assembleia dos Notáveis - terceira idade - de contrabalancear com a Assembleia dos Defensores - jovens - e as vezes se integrar com ela, enriquecem o Poder Interativo e dinamiza as propostas e experiências que nascem de gerações opostas.

Da mesma forma que a cada ano a Assembleia dos Defensores se renova com os jovens entrantes e retirantes, a Assembleia do Notáveis se renova com os que completam 55 anos e se esvazia com aqueles que deixam de atuar por qualquer motivo. O sistema sempre absorverá as mudanças sociais e os novos comportamentos geracionais.

A Assembleia dos Notáveis terá capacidade de pensar para o povo com um olhar soberano sobre o poder, sempre buscando equilibrar as decisões da nação e não permitir que as minorias ou que os mais empobrecidos paguem as contas das possíveis extravagâncias do poder.

Por outro lado, os jovens, da Assembleia dos Defensores, estarão sempre prontos para questionar, querer mudar, denunciar desvios e assim sucessivamente. É o exercício pleno da democracia, porém, com um sistema de regras e de pesos e contrapesos. Algo organizado com possibilidades infinitas de construções e realizações.

As mudanças não precisam e não devem acontecer todas juntas. É um processo gradativo. A construção da Democracia Interativa necessita do Poder Interativo. Uma vez que isso esteja conquistado, se organiza os demais processos, enquanto o antigo sistema com suas leis, permanece. A república já funciona, ainda que precariamente, com três poderes. Ela pode continuar na transição, enquanto o Poder Interativo está sendo estruturado e o novo modelo vai substituindo o antigo por etapas.

5. A ASSEMBLEIA DOS NOTÁVEIS ESTADUAL DO PODER INTERATIVO COM UM PARLAMENTO CIENTIFICO

A Assembleia dos Notáveis nos estados, caso a opção da nação seja por um Parlamento Científico, poderá ser formada pelos mestres com 55 anos ou mais. Já os mestres com idade até 54 anos comporão o legislativo estadual.

Se ocorrer, do estado possuir poucos elementos com a escolaridade exigida, o Poder Interativo Estadual deverá avaliar a expansão da faixa etária naquele estado ou incluir os graduados com 55 anos ou mais, até que ocorra o avanço na escolaridade da região.

6. A ASSEMBLEIA DOS NOTÁVEIS MUNICIPAL DO PODER INTERATIVO COM UM PARLAMENTO CIENTIFICO

A Assembleia dos Notáveis nos municípios, caso a opção da nação seja por um Parlamento Científico, será constituída pelos graduados com 55 anos ou mais. Os graduados com idade entre 25 e 54 anos comporão o legislativo municipal.

Se o Poder Interativo Municipal se deparar com quantitativos muito baixos ou muito elevados e desejar adequar, deverá seguir as orientações do Poder Interativo Nacional, de forma a um resultado mais equilibrado entre os diversos municípios do país.

Tem municípios com pouquíssimos graduados, enquanto outros possuem milhões deles. Então, basta ajustar num planejamento por faixa etária de forma que todos possam passar pela faixa etária e exercer a experiência, priorizando no Poder Legislativo os mais jovens e no Poder Interativo os mais experientes.

O Poder Interativo Nacional deverá criar uma estrutura nacional, estadual e municipal, conforme os dados da nação. A partir deste banco de informações, define a política para todos os estados e municípios, avaliando as diversas sugestões apresentadas e preservando os princípios da Democracia Interativa.

CAP. 10

CONSTITUIÇÃO DA REPÚBLICA DEMOCRÁTICA INTERATIVA

Quando se pensa em um novo modelo político, existe a necessidade de uma nova constituição que contemple os instrumentos de ação da democracia. Por enquanto, seguem alguns possíveis artigos fundamentais. Numa próxima edição, esse tema poderá ser desenvolvido com os critérios jurídicos necessários. Antes, no entanto, é preciso uma interação com os juristas que desejarem contribuir com essa proposta.

Art. XX. São Poderes da União:

I – Poder Interativo: poder coletivo do povo, soberano aos demais poderes da república, às forças armadas e aos demais órgãos, exercido pela participação direta do povo por meio digital e com poder constituinte em caso de convocação prévia de 180 dias.

II – A estrutura do Poder Interativo nacional, estadual e municipal será constituída pelas seguintes instâncias:

a) Conselho do Poder Interativo: constituído de doze membros eleitos pela Assembleia dos Notáveis e membros de suas fileiras, sendo seis homens e seis mulheres, com mandatos de um ano, renovação de cinquenta por cento a cada seis meses e cargo remunerado.

b) Conselho dos Sábios: conselho virtual constituído por 6 membros, 3 homens e 3 mulheres por estado federado, eleitos pela Assembleia dos Notáveis de suas próprias fileiras, mandatos de 2 anos, renovando cinquenta por cento a cada ano.

c) Assembleia dos Notáveis: formada por todos os cidadãos com título de graduação, mestrado e doutorado, conforme o ente federado, participação virtual e livre, sem remuneração, exceto em atividades específicas e de tempo integral.

d) Assembleia dos Defensores: constituída por todos os jovens entre 18 e 24 anos, conforme o ente federado, participação virtual e livre, sem remuneração, exceto em atividades específicas e de tempo integral.

e) Assembleia do Povo: constituída pelos cidadãos acima de 16 anos, participação virtual e livre e responsável pela decisão máxima da nação.

III – Poderes Legislativo, Executivo e Judiciário: independentes e harmônicos entre si, subordinados e com a obrigação de prestação de contas ao Poder Interativo em todos os entes federados.

Art. XX. Nenhum cargo público terá mandatos contínuos, vitalícios ou reeleição.

Art. XX. Todos os cidadãos eleitores acima de 20 anos, sem restrições judiciais, exceto os militares, podem ser candidatos livres às eleições, exceto para os cargos que exigirem pré-requisitos adicionais.

CONCLUSÃO

Os temas abordados neste livro se concentram no propósito de apresentar uma ideia-eixo ou central, com uma estrutura que avança em termos de conhecimento e prática da democracia e organização da república.

Quando na estrutura do Poder Interativo é colocada a subestrutura da Assembleia dos Notáveis – formada pelo extrato social dos que possuem alto grau de escolaridade e da ciência – e a Assembleia dos Defensores – formada pelos jovens –, ambas com equilíbrio entre homens e mulheres, isso significa que a nação estará com capacidade de tratar qualquer tema, enfrentar qualquer desafio em qualquer situação, de forma dinâmica e com um instrumento de poder jamais visto.

Da mesma forma, se a nação optar por um congresso científico, subdividindo a Assembleia dos Notáveis com o Poder Legislativo, a capacidade de resolução será ainda maior e muitas novas alternativas nascerão do debate. Diante disso, não resolveria ampliar aqui, neste texto, a discussão para outras áreas polêmicas, porque isso o Poder Interativo resolverá com os debates e as novas legislações, numa capacidade muito superior.

A Democracia Interativa é o grande instrumento contra as tiranias dos políticos de esquerda ou de direita. É o avanço mais sensato contra a velha política e seus fiadores. O seu avanço significa a libertação de todo o povo de uma nação e com um altíssimo ganho na área da ciência e da tecnologia.

Ganham os de menor renda, que fazem ganhar os empreendedores e que fazem evoluir todo o sistema produtivo, num processo contínuo de crescimento econômico, de participação social, de garantia da liberdade e do estado democrático de direito.

A Democracia Interativa criará as bases para uma grande evolução social e econômica. Ao contrário, o mundo político das barganhas e dos privilégios irá regredir e definhar ao longo do tempo. Quanto mais a Democracia Interativa avançar, mais a velha estrutura definhará.

A democracia já existente não pode e não deve inibir a Democracia Interativa, pois a Democracia Interativa é a sua evolução permanente. E claro, no mundo dos privilégios isso incomoda. Mas quando se olha para o futuro, o grande privilégio é poder viver numa democracia em constante evolução. A diferença é que o privilégio será amplo e irrestrito para todo o povo que buscar esse caminho.

É preciso agir sem medo e com toda a força na busca por justiça social, sempre com honestidade e desprendimento, sem perder a ternura e a virtude. O caminho está posto. Surgiu uma nova luz.

Democratas de todo o mundo, uni-vos!

Jovens de todo o mundo, uni-vos!

Mulheres de todo o mundo, uni-vos!

Cientistas de todo o mundo, uni-vos!

Povos de todo o mundo, uni-vos!

REFERÊNCIAS

ABRAHAM, Marcus; PEREIRA, Vitor Pimentel. Sistemas tributários no mundo. 1. ed. São Paulo: Almedina, 2020.

ARISTÓTELES. Política. São Paulo: Martin Claret, 2002.

BELLUZZO, Luiz Gonzaga; GALÍPOLO, Gabriel. Manda quem pode, obedece quem tem prejuízo. São Paulo: Contracorrente, 2017.

BRANCO, Paulo Gonet; MEIRA, Liziane Angelotti; CORREIA NETO, Celso de Barros. Tributação e direitos fundamentais. São Paulo: Saraiva, 2012.

RECEITA. Receita Federal do Brasil. Disponível em: https://www.gov.br/receitafederal/pt-br. Acesso em: 28/05/2020.

BACEN. Banco Central do Brasil. Disponível em: https://www.bcb.gov.br. Acesso em: 04/12/2025.

BRASIL. MINISTÉRIO DA ECONOMIA. Carga tributária no Brasil 2020: análise por tributos e base de incidência. Brasília: Receita Federal do Brasil, jul. 2021. Disponível em: https://www.gov.br/receitafederal/pt-br/centrais-de-conteudo/publicacoes/estudos/carga-tributaria/carga-tributaria-no-brasil-2020/view. Acesso em: 13/05/2022.

BANCO MUNDIAL. Disponível em: https://data.worldbank.org/country/brazil?locale=pt. Acesso em: 04 set. 2022.

BERLINGUER, Enrico. A democracia, valor universal. Seleção, tradução, introdução e notas de Marco Modaini. Rio de Janeiro: Contraponto, 2009.

BOBBIO, Norberto. O futuro da democracia. Tradução de Marco Aurélio Nogueira. 8. ed. São Paulo: Paz e Terra, 2002.

BOBBIO, Norberto. A era dos direitos. Tradução de Carlos Nelson Coutinho. Rio de Janeiro: Campus, 1992.

BOBBIO, Norberto. Liberalismo e democracia. Tradução de Marco Aurélio Nogueira. São Paulo: Brasiliense, 1994.

BURIC, André. Brainpower: a academia cerebral. Disponível em: http://brainpower.com.br. Acesso em: 06/12/2025.

CALDEIRA, Jorge. História da riqueza do Brasil. Rio de Janeiro: Estação Brasil, 2017.

CARVALHO, M. Com inflação de 10% em 2021, defasagem da tabela do IR atinge 134,52%. SINDIFISCO Nacional, 11/01/2022. Disponível em: https://www.sindifisconacional.org.br/com-inflacao-de-10-em-2021-defasagem-da-tabela-do-ir-atinge-13452/. Acesso em: 07/04/2022.

CARTACAPITAL. https://www.cartacapital.com.br/economia/o-regressivo-sistema-tributario-brasileiro. Acesso em: 05/05/2021.

COMSEFAZ. https://comsefaz.org.br/novo/atualizacao-de-aliquotas-do-icms-sobre-combustiveis-entra-em-vigor-em-1o-de-janeiro-de-2026/.

DAHL, Robert. A democracia e seus críticos. São Paulo: WMF Martins Fontes, 2012.

DAHL, Robert. Poliarquia: participação e oposição. São Paulo: EDUSP, 1997.

DAHL, Robert. Sobre a democracia. Brasília: UNB, 2001.

DOWBOR, Ladislau. A era do capital improdutivo: por que oito famílias têm mais riqueza do que a metade da população do mundo? São Paulo: Autonomia Literária, 2017.

FERGUSON, Niall. A grande degeneração. São Paulo: Planeta, 2013.

FERNANDES, Andressa Guimarães Torquato. Tributação, direitos fundamentais e desenvolvimento. São Paulo: Blucher, 2018.

FINCATO, Denise Pires; GILLET, Sérgio Augusto da Costa. A pesquisa jurídica sem mistérios: do projeto de pesquisa à banca. Porto Alegre: Fi, 2018.

FUNDO MONETÁRIO INTERNACIONAL. Disponível em: https://www.imf.org/en/home. Acesso em: 15 out. 2025.

GIL, Antônio Carlos. Como elaborar projetos de pesquisa. 4. ed. São Paulo: Atlas, 2002.

HENRIQUES, Antônio; MEDEIROS, João Bosco. Metodologia científica na pesquisa jurídica. 9. ed., rev. e reform. São Paulo: Atlas, 2017.

HUBERMAN, L. História da riqueza do homem. Rio de Janeiro: Zahar Editores, 1981.

IBGE. Síntese de indicadores sociais: uma análise das condições de vida da população brasileira: 2020. Coordenação de População e Indicadores Sociais. Rio de Janeiro: IBGE, 2020. Disponível em: HYPERLINK " https://biblioteca.ibge.gov.br/visualizacao/livros/liv101760.pdf" https://biblioteca.ibge.gov.br/visualizacao/livros/liv101760.pdf. Acesso em: 18/05/2022.

KRUGMAN, Paul; WELLS, Robin. Introdução à economia. Rio de Janeiro: Elsevier, 2011.

LOZADA, Gisele; NUNES, Karina da Silva. Metodologia científica [recurso eletrônico]. Porto Alegre: SAGAH, 2018.
MADISON, James. O Federalista: o tamanho e as diversidades da União como um obstáculo às facções. In: WEFFORT, Francisco C. (org.). Clássicos da política. São Paulo: Ática, 2008. v. 1, p. 266-268.

MAQUIAVEL, Nicolau. Comentários sobre a primeira década de Tito Lívio. 3. ed. Brasília: UNB, 1994.

MARX, K. O capital. São Paulo: Boitempo, 2013.

MENDES, Marcos J. Os sistemas tributários de Brasil, Rússia, China, Índia e México: comparação das características gerais: textos para discussão 49. Brasília: Consultoria Legislativa do Senado Federal, out. 2008. Disponível em: https://www12.senado.leg.br/publicacoes/estudos-legislativos/tipos-de-estudos/textos-para-discussao/td-49-os-sistemas-tributarios-de-brasil-russia-china-india-e-mexico-comparacao-das-caracteristicas-gerais. Acesso em: 18/10/2025.

MEZZAROBA, Orides; MONTEIRO, Cláudia Servilha. Manual de metodologia da pesquisa no direito. 8. ed. São Paulo: Saraiva Educação, 2019.

MILL, John Stuart. O governo representativo. Tradução de Manoel Innocêncio de L. Santos Jr. Brasília: UNB, 1981.

MONDAINI, Marco. Introdução e notas. Rio de Janeiro: Contraponto, 2009.

MONTESQUIEU. O espírito das leis. São Paulo: Martin Fontes, 2000.

NÓBREGA, Cristóvão Barcelos. História do imposto de renda no Brasil: um enfoque da pessoa física (1922-2013). Brasília: Receita Federal, 2014. Disponível em: https://www.ibet.com.br/wp-content/uploads/2016/05/Imp.-Renda.pdf. Acesso em: 10/05/2025.

PARO, Giácono et al. Estudos de arbitragem e transação tributária: desafios e perspectivas debatidos no 1º Congresso Internacional de Arbitragem Tributária. 1. ed. São Paulo: Almedina, 2021.

PATEMAN, Carole. The Sexual Contract. Cambridge: Polity Press, 1988.

PATEMAN, Carole. Participação e teoria democrática. Tradução de Luiz Paulo Rouanet. Rio de Janeiro: Paz e Terra, 1992.

PEREIRA, M. A mente humana é preguiçosa e isso é uma vantagem evolutiva. Correio Brasiliense, 27 out. 2025. Disponível em: https://www.correiobraziliense.com.br/cbradar/a-mente-humana-e-preguicosa-e-isso-e-uma-vantagem-evolutiva/. Acesso em: 30/10/2025.

PIKETTY, Thomas. O capital do século XXI. Tradução de Monica Baumgarten De Bolle. 1. ed. Rio de Janeiro: Intrínseca, 2014.

RABELLO, Gabriel Gouvêa; OLIVEIRA, João Maria de. Tributação sobre empresas no Brasil: comparação internacional. Radar, n. 41, p. 33-43, out. 2015. Disponível em: http://repositorio.ipea.gov.br/bitstream/11058/5714/1/Radar_n41_tributa%C3%A7%C3%A3o.pdf. Acesso em: 22/07/2025.

REUBEN, Anthony. 1% da população global detém mesma riqueza dos 99% restantes, diz estudo. BBC News, 18/01/2016. Disponível em: https://www.bbc.com/portuguese/noticias/2016/01/160118_riqueza_estudo_oxfam_fn. Acesso em: 25/04/2021.

ROUSSEAU, J. J. O Contrato social: princípios do direito político. São Paulo: Martin Fontes, 1999.

SALVADOR, Evilasio. O regressivo sistema tributário brasileiro. Carta Capital, Economia, 04/04/2016. Disponível em:

SCHUMPETER, Joseph A. Capitalismo, socialismo e democracia. Editado por George Allen e Unwin Ltda. Tradução de Ruy Jungmann. Rio de Janeiro: Editora Fundo de Cultura, 1961.

SEVERINO, Antônio Joaquim. Metodologia do trabalho científico. 23. ed. São Paulo: Cortez, 2007.

SILVA, Anderson Caputo et al. Dívida pública: a experiência brasileira. Brasília: Secretaria do Tesouro Nacional: Banco Mundial, 2009.

SILVA, Jules Michelet Pereira Queiroz (coord.). Tributação de lucros e dividendos no Brasil: uma perspectiva comparada. Brasília: Câmara dos Deputados, nov. 2015. Disponível em: http://bd.camara.leg.br/bd/handle/bdcamara/26840. Acesso em: 23/05/2022.

SIMTAX Treinamentos e Tecnologia da Informação LTDA. Disponível em: www.simtax.com.br. Acesso em: 10/12/2025.

TESOURO transparente. Disponível em: https://www.tesourotransparente.gov.br. Acesso em: 10/12/2025.

TOCQUEVILLE, Alexis de. A democracia na América [livro eletrônico]. Tradução de Julia da Rosa Simões. São Paulo: Edipro, 2019.

VARZANO, Ricardo e outros. Uma análise da carga tributária do Brasil. Rio de Janeiro, 1998. Disponível em: https://www.gov.br/secretariadegoverno/pt-br/portalfederativo/biblioteca-federativa/estudos/td_0583.pdf. Acesso em: 13/05/2024.

ZANON, Francisco V.; ZOBOLI, Joelma A. República Interativa: um novo modelo político para o Brasil. IV CONINTER, João Pessoa, 2017.